JN100610

心理的アセスメント

森田美弥子・永田雅子

心理的アセスメント（'20）

装丁・ブックデザイン：畑中　猛

o-37

まえがき

　心理支援実践において，心理的アセスメントは必須の行為である。支援を求めて来談されたクライエントが，どういう人であるのか，どのような問題を抱えているのか，といったことを把握することから支援は始まる。そのためには丁寧な情報収集を行い，それにもとづいて見立てをした上で，適切な支援の方針をたて，実行していくことが，心の専門家に求められている。公認心理師や臨床心理士を目指す人に，必要な専門知識や技法を紹介し，アセスメントの基本的な姿勢について解説することが，本書の目的である。心理職のみならず，対人援助職全般にとって，これらを視野においておくことが，その仕事に役立てば幸いである。

　構成として，1章では，心理的アセスメントの意義・役割や目的などを，2章ではアセスメントを実施する際の留意点などを，総論的に述べている。3章から9章までは，面接，心理検査，観察と多様なアセスメントの方法を具体的に説明しており，特に心理検査については多くの紙面を割いた。10章以降は実践編として，医療，教育，福祉など，異なる支援領域におけるアセスメントの実際について紹介している。

　本書は4名で分担執筆を行っている。用語や表現についてはできるだけ統一をはかるようにしたが，支援領域ごとのアセスメントの実際を述べるにあたって，各領域特有の言葉を尊重したいと考えた。具体的には，心理職とクライエント（当該支援機関への来談者または利用者）について，医療領域では「セラピスト」と「患者」，教育領域では「スクールカウンセラー」と「児童生徒」といった呼び方が通例であるため，適宜それらを用いた。また，心理検査場面では，セラピストやカウンセラーが「テスター（検査者）」にもなり，クライエントは「テスティ

4

（被検査者）」となる。その方が文脈上わかりやすいと判断した場合は，これらの語も用いた。

　また，心理職としての基本姿勢やアセスメント実施上の留意点などは，似たような内容が章をまたがって何度か記述されている部分がある。大幅な重複はできるだけ避けるよう気をつけたが，完全に仕分けることは困難であり，何度も述べられている内容はそれだけ重要なことであると理解していただきたい。

　心の時代と言われる現代において，悩みやストレス，あるいは障害のある方々が，自らの心の課題に取り組むことを支援するために，適切な基礎知識と技術を身につけた専門家を養成することが期待されている。その一端を本書が担えたら幸いである。

　なお，本書が完成するまでには，放送大学関係者の皆様の懇切なご助言ご尽力が不可欠であった。末尾ながら心より感謝の気持ちをお伝えしたい。

2019年11月
編者を代表して
森田　美弥子

目 次

10

1 | 心理的アセスメントとは何か

森田美弥子

《学習目標》 心理支援実践において必須の行為である心理的アセスメントとは何か。本章では心理的アセスメントの意味，役割，基本姿勢について概説する。
《キーワード》 人間理解，心の問題の見立て，専門的技術，相互主観性，法則定立的接近と個性記述的接近

---

1. 支援の出発点としてのアセスメント

　何らかの心の問題を抱えながら，相談・支援機関を訪れた人を前にして，心の専門家は何をすべきであろうか？　まず最初に必要なのは，その人が抱えている心の問題とはどのようなものなのか，「見立て」を行うことだと言える。そして，その見立てをもとにどのような「関わり」が支援として適切なのかを考え，実行していくことになる。表1-1に何人かの臨床実践家によるアセスメントの定義を示した。いずれも共通して，心の問題の「見立て」をすることと，その後の「関わり（支援）」につなげていくことを述べている。また，心の問題の見立てをする際には，医学的診断名をつけることや能力水準を数値であらわすことのみを目的としているのではないことにも注目しておきたい。問題の背景として，それまで生きてきた生活や環境の影響を検討し，これから生きていこうとする目標や予測される課題なども含めて，その人の全体像を丁寧にとらえていく構えをもつことが重要である。

14

表1-1　アセスメントの定義

村上 (1974)	"病気" そのものの診断ではなく，"人間" の診断をめざすもの。総合的・力動的な人間全体への接近。
田中 (1989)	人の環境との関係についてある目的にふさわしい介入方針を作り出す決定過程。
佐藤 (1993)	その人の無限の情報集合のなかから得られた，限られた少数の資料をもとに，人格構造（または機能）という一般的仮説的構成概念を骨組みとして，その人に固有の過去から未来につながる独自の歴史を再現してゆく推論的作業。時系列的な，そして空間系のひろがりをもった idiographic な決定過程。
斎藤 (1994)	"表" に現れたもの（顕在化した問題）を分化させてよく見ることと，その "背景" あるいは "基盤" にあるものに考えをめぐらせることの両方。
馬場 (1997)	心理学的方法を用いた力動的患者理解。分類，命名が最終目標ではなく，個人のもつ特異性，独自性を見出すこと。 個人の内面的特性（精神力動上の特性やその病態化の水準），対外的交渉様式にみられる特性，思考，行動様式，情緒的な反応性やその表現様式，環境的特性（家庭，社会環境，生活史）などを，臨床的観察からの資料（症状，起始，経過，これらに伴う問題）と関連づけて統合的に把握し，予後や，心理療法への適応可能性を推測。
鑢・名島 (2000)	現在の苦しみから脱してより有意義な人生を送りたいという来談者側の願いと，来談者に対してできうる限りの援助を提供しようとする治療者側の意志とが相互に結び合うことによって成り立つもの。来談者に対する心理学的処遇が有効に機能するための基礎的資料を得る。
岡堂 (2003)	クライエントに対する心理的援助の方針決定および援助過程とその効果に関する評価に必要な情報を収集する営為。
下山 (2008)	事例の問題に関する仮説を生成し，それをより妥当なものに修正していく過程。
沼 (2009)	クライエントが抱えている悩みや問題を把握し，それとパーソナリティの特徴，生活史，さらに患者を取り巻く家族や社会環境などがどのようにかかわっているかを総合的に理解・評価する。その上でカウンセリングによる援助がふさわしいかどうか，他の援助法が適しているのか，その見通しはどうか，目標は何かということを明確にする。
森田 (2017)	種々の心理的支援の過程において，対象となる個人または集団についてその特徴をとらえ理解するために，面接や心理検査などの専門的な技法を用いて行うかかわり。

　2015年に公布され，2017年に施行された公認心理師法には，公認心理師とは「保健医療，福祉，教育その他の分野において，心理学に関する専門的知識及び技術をもって，次に掲げる行為を行う。」と定義されている。

①心理に関する支援を要する者の心理状態の観察，その結果の分析。

②心理に関する支援を要する者に対する，その心理に関する相談及び助言，指導その他の援助。

③心理に関する支援を要する者の関係者に対する相談及び助言，指導その他の援助。

④心の健康に関する知識の普及を図るための教育及び情報の提供。

　また，1989年に誕生して以来，日本の心理臨床実践の中心を担ってきた臨床心理士は，その職務として，①臨床心理査定（アセスメント），②臨床心理面接，③臨床心理地域援助，④臨床心理学研究の4つがあげられている。ここでいう「臨床心理査定（アセスメント）」は，公認心理師定義の1つ目にあげられている「支援を要する者の心理状態の観察，その結果の分析」に相当する。

　さらに，2017年に出された「公認心理師カリキュラム等検討会」報告書において，「心理状態の観察，その結果の分析」に関する科目の到達目標として，次のことが提示されている。

①心理的アセスメントに有用な情報（生育歴や家族の状況等）及びその把握の手法等について概説できる。

②心理に関する支援を要する者等に対して，関与しながらの観察について，その内容を概説することができ，行うことができる。

③心理検査の種類，成り立ち，特徴，意義及び限界について概説できる。

④心理検査の適応及び実施方法について説明でき，正しく実施し，検

査結果を解釈することができる。
⑤生育歴等の情報，行動観察及び心理検査の結果等を統合させ，包括
　的に解釈を行うことができる。
⑥適切に記録，報告，振り返り等を行うことができる。

　公認心理師においても臨床心理士においても，心理学とくに臨床心理
学の専門的知識と技術を用いること，多様な支援現場で行われるもので
あることが謳われている。以上をふまえ，本章では心理的アセスメント
の基本姿勢について述べる。アセスメントを行うことは，支援を行う心
理専門職にとって重要な職務であるが，同時に，支援の場を訪れた来談
者（クライエント）にとって，どのような意味をもつのかについても考
えたい。

2. 専門的な技術としてのアセスメント

　アセスメントという言葉は，日本語では「査定」と訳される。「評価」
という語も「査定」とほぼ同じ意味である。ただし，良し悪しを判断す
ることや価値づけをすることではない。そうしたニュアンスを避けるな
らば，むしろ「人間理解」と言い換えてもよいかもしれない。ただし，
わかってあげるという上から目線ではない。傾聴し，受容・共感を心掛
けるのは心の支援の専門家として当然のことではあるが，相手と一体化
してしまうのでもない。必要な情報を収集し，それにもとづいて判断す
る，という客観性や冷静さは欠かせない。そのために，専門的な知識や
手法を用いた人間理解でなくてはいけない。

　日本心理臨床学会の機関誌『心理臨床学研究』の創刊号の巻頭言にお
いて，初代理事長であった成瀬（1983）は，次のように述べている。
「心理臨床場面におけるもっと複雑で微妙な感情や体験，内面的な心の

動きについて，事象の的確な記述ができ，その事象の法則性を適切に把
握し，より広汎な諸現象について相互主観的・共通的な理解がより確実
にできるための研究が進むほど，科学としての水準が高まるし，またそ
れがよりよくできる人ほど専門性が高いということができよう。」

　アセスメントという言葉が心理学の領域で使われるようになったの
は，1940年頃に遡る。米国戦略局 U.S. Office of Strategic Services によ
る，第二次世界大戦中の特殊任務の人員選抜方法（アセスメント・セン
ターで数日間の集団生活を行い，その中で多くの方法を使った情報収集
が実施され，個々人の資質を把握したもの）についての報告書 "The
Assessment of Men" がそれである。アセスメントの方法としては，行
動観察，面接，心理検査が用いられた。

　現代の心理支援の場においても，行動観察，面接，心理検査によるア
セスメントが実施されている。ただし，誰に対しても一律の方法で行わ
れるわけではない。たとえば，支援対象者（クライエント）が子どもの場
合と青年や大人の場合では，それぞれ異なったアセスメントの工夫が必
要となるだろう。また，その人自身が現在困っている問題に応じて，焦
点を当てるポイントも異なってくるだろう。さらには，医療・保健，福
祉，教育，司法，産業など，支援の場が異なれば，アプローチの仕方も
異なってくるだろう。様々な条件を考慮して，面接や観察において何を
重視してアセスメントしていくか，心理検査を実施するとしたら何を選
ぶか，といった個々に適したやり方を，専門家の立場で判断することが
必要となる。面接法，心理検査，行動観察の詳細は 3 章以降で紹介する。

3.「個」への接近

　前節で，個々の対象者に合わせたアセスメントのやり方が必要と述べ

たが，そもそも人間は，心の問題を持つと持たないとにかかわらず，それぞれが「個別性」ある独自の人生を生きている。

　村上（1974）は，「臨床診断の意義」として，次のような観点をまとめている。長文であるので，要約して示す。心理支援の領域で，まだ「アセスメント」という言葉が一般的に用いられていなかった時代であるため，「臨床診断」の語で表現されていることもお断りしておく。

①臨床診断とは心理学研究法の一環をなすものではあるが，人間一般の普遍性を法則定立的に把握することを目的とするのではなく，あくまでも具体的臨床の場における個別性を明らかにしようとするところに特徴がある。まさしく個への接近そのものである。

②対象への個性記述的な接近にあたっても，精神測定学的技法にとどまるのではなく，集団規準（集団の中での位置づけ）を背景に担いながらも，どこまでも他者と違った，一回限り，独自の存在として，またその人固有の歴史性をもつ，かけがえのない人間存在そのものを対象とする。

③人間存在への接近は，人間としての全体性が対象となるのであって，決して苦悩や疾病そのものが問題となるものではない。あくまでも，"人間における病"がここでは問題となることを忘れてはいけない。

④診断のための技術や技法を使用するにあたっては，臨床的経験を重視するあまり，ともすれば主観的な判断や，ひとりよがりの直観にたよりがちになることを極力避けなければならない。客観性・公共性を求めるための，数多くの先人の努力がここに集積されているものであることを銘記すべきであるし，さまざまな技法を駆使するための，不断の習熟が何よりも肝要となる。

⑤しかしながら，究極には，心理臨床家自身が主体的に来談者に迫

り，内側からの基準枠をも通して，共感的かかわりをもつことによってはじめて，臨床の場での有効な技法となる。

⑥臨床診断は決して診断のための診断にとどまるべきではない。解釈なり，知見なり，さらに診断なりが得られたならば，それにもとづいて，次の段階として治療なりへの方針がうち立てられねばならず，その意味において治療への出発というべきものである。診断即治療，治療即診断として，不即不離の立場に立つ。

⑦臨床診断は変貌する社会状況の流れや動きと，決して無縁ではありえない。現代に生きる社会内存在としての人間診断を行い，差別・選別の診断を排除する意味においても，被診断者をとりまく環境状況への正しい省察が失われてはならない。

　この村上（1974）の論考は，心理支援におけるアセスメントにおいては，人間行動の一般的・普遍的原理を追究する法則定立的接近（nomothetic approach）ではなく，個性記述的接近（idiographic approach），さらには「ながめ的」ではなく「かかわり的」診断をめざすことが提起されている。客観性を重んじて「個」を見失うことなく，かといって主観的な見方に偏重しないように気を付ける，という一見矛盾した命題に直面させられるのが，心の支援ということになるだろうか。

4.　共同作業としてのアセスメント

　心理支援の一環として行われるアセスメントにおいて一番重要なことは，クライエントに役立つものとなるかどうかである。支援につながるアセスメントとは，支援者（セラピスト等）が一方的にクライエントのことを知ることではなく，クライエント自身の自己理解を進めることが何よりも大切だと言える。したがって，アセスメントにおいても，何を

知りたいのか，何がわかると問題の改善に役立つかなどを伝え，また，支援者が把握し理解したことをクライエントにフィードバックし，ともに検討していけるとよい。

　クライエントが自己理解を深め，自分なりの問題解決に向かえるように支援することが大切である。アセスメントの段階で心理職が丁寧にクライエントの話を傾聴し，問題として何が起きたのか明らかにしていく姿勢でいることは，既に支援的な関わりと言える。

　「その人らしさ」を尊重することの大切さは，理念としては納得のいくものだと思うが，具体的にはどうすればよいだろうか。ともすると私たちは，自分の価値観というものさしで他者をみてしまうことがある。きっとこの人もこう考えているに違いない，このように言うのはこんな気持ちが背景にあるはずだ，といった受け止め方をすることがある。これらはその人を理解する過程で，仮説として頭の片隅においておくことはよいのだが，決めつけて思い込んでしまうと「その人」のあり方からは逸れてしまう危険性がある。

　思い込みを避ける手段は何だろうか。一つには，話し合うことである。アセスメント結果（見立て）を，心理職の側から率直にクライエントに伝え，意見や感想を聞き，お互いに修正していくと，そのプロセス自体がクライエントの自己理解促進にもつながると考えられる。アセスメントそのものが支援的関わりとされる所以である。

　思い込みを避ける二つ目の手段は，自分が考えたり感じたりしていることをモニターすることである。心理職自身にも，それまでの人生の中で自分が体験したことにもとづいた認識や構えができている。それを無視するのではなく，そのことに気づいていることが大事である。

5.　本章のまとめ

　本章では，心理的アセスメントとは何かということについて，定義や基本的姿勢などを述べてきた。最後にまとめとして，要点を整理しておきたい。

　心理的アセスメントは，以下の特徴をもっている。

①支援の一環であり，出発点として重要である。

②心の問題の「見立て」を行い，その後の支援の方針をたてる。

③症状や病名で分類することが主目的ではなく，「生活史的理解」にもとづき，「その人」の全体像をとらえる。

④専門的な知識や技法を用いて行うが，同時に，個々のクライエントの内面を共感的に理解するものである。

⑤客観性と相互主観性の両方の視点が必要である。

⑥クライエントの自己理解に資するものでなければいけない。

⑦支援の出発点ではあるが，その後も続くプロセスであり，仮説をたて，修正を繰り返していく。

⑧クライエントと心理職との共同作業により進めていく。

⑨人間理解の手段であり，支援的関わりの手段でもある。

　2章以降では，心理的アセスメントの具体的な方法や実際の場面での留意点をとりあげる。

参考文献

馬場禮子「心理学的診断のあり方」『心理療法と心理検査』（日本評論社，1997）

森田美弥子「心理的アセスメント」『公認心理師入門―知識と技術』（日本評論

社，2017）

村上英治「心理学研究法としての臨床診断」『心理学研究法12臨床診断』（東京大学出版会，1974）

成瀬悟策「心理臨床学の今日的課題」『心理臨床学研究 1』（日本心理臨床学会，1983）

沼初枝『臨床心理アセスメントの基礎』（ナカニシヤ出版，2009）

岡堂哲雄『心理検査学』（垣内出版，1993）

岡堂哲雄『臨床心理査定学』（誠信書房，2003）

斎藤久美子「臨床心理学と人格理解」『こころの科学（増刊）臨床心理学入門』（日本評論社，1994）

佐藤忠治「心理検査の臨床的理解」『心理検査学』（垣内出版，1993）

下山晴彦『臨床心理アセスメント入門』（金剛出版，2008）

鑪幹八郎・名島潤慈『新版心理臨床家の手引』（誠信書房，2000）

田中富士夫「心理アセスメントの基礎理論」『臨床心理学体系』（金子書房，1989）

津川律子・遠藤裕乃『公認心理師の基礎と実践⑭—心理的アセスメント』（遠見書房，2019）

学習課題

1．心理的アセスメントにおける人間理解の仕方や関わりの持ち方は，日常生活における他者理解やコミュニケーションと，何が違うのだろうか？　考えてみよう。

2．来談者（クライエント）にとって，心理的アセスメントがどうあるべきか，その立場になって考えてみよう。

3．心理的アセスメントを行う上で，何を学んでいくとよいか，自分の課題を考えてみよう。

2 │ アセスメントの方法

│ 森田美弥子

《**学習目標**》 アセスメントの方法には，行動観察，面接，心理検査がある。
支援の場や対象者によって，それぞれ適した技法アプローチを選択する。詳
細は3章以降で紹介するが,本章ではアセスメントの概要と留意点を述べる。
《**キーワード**》 アセスメント技法，アセスメントにおける倫理

----

1. 支援場面の流れ

　最初に支援全体の流れを概観してみよう。領域や機関によって細かな
点は異なるが，共通して図2−1に示したような対応がなされている。
①来談者（クライエント）が支援機関を訪れる
　悩みや症状など心の問題について相談・治療を受けたい旨の申込があ
る。時に本人の意思ではなく，家族など身近な人が困っていることもあ
るし，周囲が心配して連れてくることもある。子どもの場合は保護者に
伴われてくることが一般的である。申込の段階からアセスメントは始ま
っている。内容を聴きとりつつ，誰が何に困って，どんな風に連絡して
きたのか，心に留めておこう。
②受理面接（インテーク面接）を行う
　来談のきっかけとなった悩みや困りごと，問題行動などについて概要
を聴く。同時に，これまでの経過や対応，成育歴，現在の生活状況（家
庭，学校・職場などにおける適応），支援機関への要望その他，関連情
報を把握する。必要に応じて心理検査を実施することもあり，2，3回

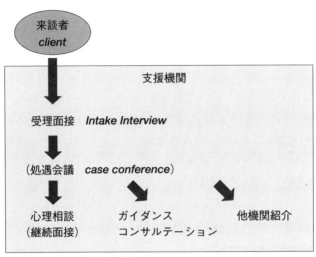

図2-1　心理支援の流れ

かけて情報収集を行う場合もある。

③処遇会議（ケース・カンファレンス）を行う

受理面接の結果から現時点での見立てを行い，どのような支援がよい
か方針や目標について検討する。支援機関の体制によってはスタッフが
集まっての会議という形はとられない場合もあるが，いずれにしても方
針検討の段階は必要である。

処遇の形態としては，継続的な個別面接（カウンセリング），家族を
対象とした面接，関係者へのコンサルテーション，ガイダンスのみでの
終了，などがある。当該機関で引き受けることが可能かどうかも重要な
ポイントであり，より適切なところがあれば紹介（リファー）する。

④方針や対応を来談者に伝える

見立てや今後の方針，心理相談の進め方などについて説明する。来談

者の希望や疑問に対して十分に耳を傾けることが必要である。話し合って同意が得られたら支援の開始となる。

　面接や心理検査の具体的な内容は3章以降でとりあげる。また，領域によって重点をおく事柄が異なるので，それは11章以降で実際的なことを解説する。以下，本章では各アセスメント方法における一般的留意点を述べることにする。

2．面接によるアセスメント

　クライエントへの対応は，先ずは受理面接を行って，困りごとや症状など問題のありようを語ってもらうことからスタートする。鑪・名島（2000）は，「受理面接者がする仕事」として「耳でする仕事」「目でする仕事」「前論理的レベルの仕事」「思考的レベルの仕事」という4つにまとめている。要約して引用する。

①耳でする仕事（聴覚的レベルの仕事）

　「もっぱら言語を媒介とする交流」で，来談動機，主訴，生活史，家族歴，病歴，性格，趣味，現在の生活，学校や職場での対人関係などを尋ねる。

②目でする仕事（視覚的レベルの仕事）

　「来談者が示す非言語的コミュニケーションとしての表情・動作・話しぶりなどに注目すること」である。9章で，観察という文脈であらためてとりあげたい。

③前論理的レベルの仕事

　来談者とのコミュニケーションで，「面接者の心に映じてくる来談者イメージ」と，「面接者の心に伝わってくる感情」が含まれる。

④思考的レベルの仕事

　「症状の発生と形成過程を，来談者の発達的・家族的・対人的・性格的諸要因とどのように結び付けて考えたらよいか」，「潜在している中核的な葛藤やそれに対する自我防衛の様式はどのようなものか」，「それによって形成されてきた現在の基本的パーソナリティ・パターンはどんなものか」などを考え，仮説をたてる。面接後に振り返って，①から③をまとめ，「来談者はどんな人で，この人の苦しみをどのように理解し，どのような治療的働きかけをしたらよいか」の考察につなげていくものである。

　筆者はこの４つに，次の項目を加えたい。

⑤伝える仕事（相互関係レベルの仕事）

　面接者から来談者へ，仮説として見立てた内容を伝え，そして，来談者の意見や感想を聴き，現在直面している問題を明らかにし，解決・改善の方向を話し合う。心理支援は一方向的なものではなく，共同作業としての関わりをもつということである。したがって，面接でのアセスメントにおいては，クライエントの語りを傾聴しつつ，心理職がそこから理解できたことを伝え返し，内容のすり合わせを行っていく。

　さらに，そこで留意すべきことは，「客観的事実と主観的真実」という二重の視点である。実際に何が起きているのかという客観的な事実経過と，クライエントがそれをどう受けとめたか，何を感じとったかというクライエントにとっての主観的真実は，必ずしも同じ内容ではない。たとえば，あるクライエントは「誰も私のことをわかってくれない。話しかけてもくれない」と訴えていた。日常の様子を詳しく聴いてみると，人に嫌われるのが怖くていつも一人離れた場所で本を読むのに没頭しているらしいとわかってきた。たまに話しかけられても聞こえないふりをしてしまうとのこと。そうなると実際に，周囲の人も話しかけづら

く，寄り付かなくなるだろう。そして，クライエントは「やっぱり私には誰も近づいてくれない」と落ち込む，という悪循環が感じられた。この時，「わかってくれない」と感じる気持ちはクライエントの主観的真実である。一方で，自らを閉ざしてしまう行動も客観的事実として存在している。この時，どちらが正しいかという問いはあまり意味がない。どちらも本当なのであり，心理職はこれらを同等の重みをもって受けとめる（＝アセスメントする）ことが必要だと言える。

3.　心理検査によるアセスメント

　心理検査はすべてのクライエントに対して導入されるわけではない。どのような時に心理検査が実施されるだろうか。病理水準の見立て，パーソナリティ理解，処遇の判断，予後の予測，関わり方の手がかり，といったことが目的として想定される。心理検査については3章以降で，代表的な検査を用いた詳しい解説があるので，ここでは基本的な留意点をあげておきたい。

①アセスメントの目的に合った心理検査を選択する

　心理検査には多くの種類があるが，それぞれ何をとらえるための検査なのか目的をもって構成されている。大別すると，思考や認知機能などをとらえるもの，性格・行動傾向をとらえるものがあり，前者には，知能検査や発達検査，神経心理検査などが含まれ，後者には，質問紙法や投映法によるパーソナリティ検査が含まれる。精神機能やパーソナリティのどういった側面を知りたいのかを考えて，適切な検査を用いる。また，年齢やその人の状況も考慮して，検査を選択する。複数の検査を実施して，総合的にみていくことも多い。

②実施にあたって検査道具等の準備をする

事前に実施する部屋の環境，検査道具や記録用紙等に不備がないかどうか確かめておくことは大切である。クライエントが安心して検査を受けられるために，暑すぎたり寒すぎたり，周囲が騒がしかったり，室内が乱雑であったりといったことがないよう気を付ける。特に小さい子どもの場合，なるべく集中して取り組めるような工夫が必要であろう。

③説明をして，同意を得ること

検査を受けるという体験はある程度の不安と緊張を伴うものであるが，過剰な不安は，その人らしさが発揮されない可能性もあるので，「あなたの支援に役立てるために必要」といった説明をする。

④標準的な施行の仕方を遵守する

検査が始まったら，標準化された施行方法で行うことが大切である。説明や課題の教示を相手によって平易な言葉で伝えることは，その検査のマニュアルやガイドラインで許容された範囲で可能である。

⑤量的分析と質的分析の2側面からアプローチする

検査結果を見ていく際に，回答や反応を数値化して集計，あるいは記号化して分類，といった作業がなされる。客観的指標による分析を行った上で，検査場面での態度や発言，表情などにも注目するとよい。「何を答えるか」のみならず，むしろそれ以上に，「どう答えるか」「どのように回答や反応に至ったか」という内的プロセスを理解することが有益な場合がある。クライエントの日常の対処行動がそこに反映されているからである。

4. 行動観察によるアセスメント

行動観察というアセスメント手段は，目の前にいるクライエントにつ

いて生き生きとした情報が得られる。

　面接場面においても心理検査場面においても，そこに臨むクライエントの言動その他の観察が有益であることはそれぞれの解説の中でもふれているが，本書では9章に独立した章を設けた。関わりの場面以外にも，来談の仕方や生活場面での行動パターン，さらに広げてみると，興味関心を向けている趣味娯楽の世界や文化などにも，その人らしさが反映されている。

　ただし，観察は，面接や検査のように明確な手順が決まっていないため，柔軟な判断をしなくてはならず，心理職の主観や日頃の価値観がおそらく一番影響しやすい側面ではないかという点には注意を払いたい。

5.　倫理的配慮

　平成27年に制定された公認心理師法においては，信用失墜行為の禁止（第40条），秘密保持義務（第41条），資質向上の責務（第43条）が規定されている。41条については違反すると法的な罰則が科されることも定められている。

　アセスメントに関する倫理的配慮として，公益財団法人日本臨床心理士資格認定協会の倫理綱領（表2-1），一般社団法人日本心理臨床学会の倫理基準（表2-2），一般社団法人日本臨床心理士会の倫理綱領（表2-3）から，関連部分を抜き出したものを表示した。

　一番基本にあるのは「人権の尊重」ということである。具体的には，強制しないこと，アセスメントの目的や必要性を説明して進めていくこと，個人情報の扱いに最大限の注意を払うこと等があげられる。「秘密保持」とは，クライエントについて業務上知り得た情報を他に漏らさないという意味であることは言うまでもないが，一方で，そのクライエン

トの家族や関係する他の専門家といった，協力して支援にあたる人たちとは情報共有が必要となる。誰とどの程度の内容を共有することが，クライエントの支援に役立つのか，十分に吟味しておくよう心掛ける。

　心理職の側の「資質向上」ということも，専門家としての倫理に含まれる。心理職が自らの知識や技術の限界をわきまえておくこと，アセスメントの技法，特に心理検査を用いるにあたって，それを実施できるための研修を受けていることが必要となる。また，スーパーヴィジョンを受けたり，カンファレンスで発表したりすることも大切である。もちろん，その際にもクライエントのプライバシー，個人情報を守るための配慮は必要となる。

　インフォームド・コンセントをはじめ，クライエントの人権に配慮した対応が求められている。これは，心理支援全般に言えることである。

表2-1　公益財団法人日本臨床心理士資格認定協会　倫理綱領（一部）

<責任>
第1条　臨床心理士は自らの専門的業務の及ぼす結果に責任をもたなければならない。その業務の遂行に際しては，来談者等の人権尊重を第一義と心得るとともに，臨床心理士資格を有することにともなう社会的・道義的責任をもつ。

<技能>
第2条　臨床心理士は訓練と経験により的確と認められた技能によって来談者に援助・介入を行うものである。そのためつねにその知識と技術を研鑽し，高度の技能水準を保つように努めることとする。一方，自らの能力と技術の限界についても十分にわきまえておかなくてはならない。

<秘密保持>
第3条　臨床業務従事中に知り得た事項に関しては，専門家としての判断のもとに必要と認めた以外の内容を他に漏らしてはならない。また，事例や研究の公表に際して特定個人の資料を用いる場合には，来談者の秘密を保護する責任をもたなくてはならない。

<査定技法>
第4条　臨床心理士は来談者の人権に留意し，査定を強制してはならない。また，その技法をみだりに使用してはならない。査定結果が誤用・悪用されないように配慮を怠ってはならない。臨床心理士は査定技法の開発，出版，利用の際，その用具や説明書等をみだりに頒布することを慎まなければならない。

表2-2　一般社団法人日本心理臨床学会　倫理基準（一部）

（査定技法）

第3条　会員は，臨床業務の中で心理検査等の査定技法を用いる場合には，その目的と利用の仕方について，対象者に分かる言葉で十分に説明し，同意を得なければならない。この場合において，会員は，対象者が幼児若しくは児童又は何らかの障害のために了解が困難な者の場合は，これらの者の保護者又は関係者に十分説明した上でその同意を得なければならない。

2　会員は，査定技法が対象者の心身に著しく負担をかけるおそれがある場合，又はその査定情報が対象者の援助に直接に結びつかないとみなされる場合には，その実施は差し控えなければならない。

3　会員は，依頼者又は対象者自身から査定結果に関する情報を求められた場合には，情報を伝達することが対象者の福祉に役立つよう，受取り手にふさわしい用語と形式で答えなければならない。測定値，スコア・パターン等を伝える場合も同様である。

4　会員は，臨床査定に用いられる心理検査の普及又は出版に際しては，その検査を適切に活用できるための基礎並びに専門的知識及び技能を有しない者が入手，又は実施することのないよう，その頒布の方法については十分に慎重でなければならない。（第7条第3項参照）

表2-3　一般社団法人日本臨床心理士会　倫理綱領（一部）

第4条　インフォームド・コンセント

　会員は，業務遂行に当たっては，対象者の自己決定を尊重するとともに，業務の透明性を確保するよう努め，以下のことについて留意しなければならない。

1　臨床心理業務に関しての契約内容（業務の目的，技法，契約期間及び料金等）について，対象者に理解しやすい方法で十分な説明を行い，その同意が得られるようにする。

2　判断能力等から対象者自身が十分な自己決定を行うことができないと判断される場合には，対象者の保護者又は後見人等との間で十分な説明を行い，同意が得られるようにする。ただし，その場合でも，対象者本人に対してできるだけ十分な説明を行う。

　3～4（省略）

5　対象者から，面接の経過及び心理査定結果等の情報開示を求められた場合には，原則としてそれに応じる。

　6～7（省略）

第5条　職能的資質の向上と自覚

　会員は，資格取得後も専門的知識及び技術，最新の研究内容及びその成果並びに職業倫理的問題等について，研鑽を怠らないよう自らの専門家としての資質の向上に努めるとともに，以下のことに留意しなければならない。

1　自分自身の専門家としての知識・技術の範囲と限界について深い理解と自覚を持ち，その範囲内のみにおいて専門的活動を行うこと。

2　臨床心理業務にかかわる臨床心理援助技法等を業務において使用及び標榜する場合には，その実施に足るだけの研修を既に受けていること。

3　心理査定及び心理療法並びに地域援助などの専門的行為を実施するに当たっては，これまでの研究による十分な裏付けのある標準的施行方法により行うことを原則とする。やむを得ず，実験的段階にある方法を用いる必要が生じた際には，対象者に対し，十分な情報提供を行い，同意を得た上で実施すること。

4　心理査定の結果及び臨床心理的援助の内容等，会員がその業務において行った事柄に関する情報が，対象者又はそれ以外の人に誤用又は悪用されないよう，細心の注意を払うこと。

34

5　自分自身の専門的知識及び技術を誇張したり，虚偽の情報を他者に提供したりしないこと。

6　自分自身の専門的知識及び技術では対応が困難な場合，又はその際の状況等において，やむを得ず援助を中止若しくは中断しなければならない場合には，対象者の益に供するよう，他の適切な専門家や専門機関の情報を対象者に伝え，対象者の自己決定を援助すること。なお，援助の中止等にかかわらず，他機関への紹介は，対象者の状態及び状況に配慮し，対象者の不利益にならないよう留意すること。

7　会員が，臨床経験の浅い者に職務を任せるときは，綿密な監督指導をするなど，その経験の浅い者が行う職務内容について自分自身に重大な責任があることを認識していること。

参考文献

上里一郎『心理アセスメントハンドブック第2版』（西村書店，2001）

願興寺礼子・吉住隆弘『心理検査の実施の初歩（心理学基礎演習 Vol. 5）』（ナカニシヤ出版，2011）

小山充道『必携臨床心理アセスメント』（金剛出版，2008）

松本真理子・森田美弥子編著『心理アセスメント—心理検査のミニマム・エッセンス（心の専門家養成講座シリーズ3巻）』（ナカニシヤ出版，2018）

鑪幹八郎・名島潤慈『新版心理臨床家の手引』（誠信書房，2000）

学習課題

　文献（学術誌や書籍）などに紹介されている事例を読み，その中でどのようなアセスメントがなされたか，次の視点から検討してみよう。

1．その事例において，セラピストの「見立て」はいかなるものか。また，その見立ての根拠としているのは，どんな情報か。

2．心理検査が用いられている場合，その検査を導入した理由（目的）は何か。

3．もし自分がその事例のセラピストであったら，さらにどのようなことを知りたいだろうか。それはどのように尋ねるとよいだろうか。

3 | 面接法によるアセスメント

森田美弥子

《**学習目標**》 心理支援実践における，クライエントとの面接を通したアセスメントについて，特に関わり初期に行われる受理面接を中心に説明する。
《**キーワード**》 受理面接（インテーク面接），生活史的理解，初回面接と継続面接

1．受理面接の役割

2章で述べたように，支援機関では最初に受理面接を行って，見立てと処遇方針を検討する。受理面接は初回面接でもある。そこでどのような対応がなされるかによって，クライエントの中に支援機関やスタッフに対するイメージや認識がつくられることとなり，ここで自分の問題について一緒に取り組んでいけそうかどうか，という構えを醸成する大事な出会いの場である。

森田ほか（2002）は「初回面接の意義と役割」について，実際に面接を担当した経験と過去の文献から，出会いと関係づくり，情報収集と問題の明確化，治療契約とセラピーへの導入の3点にまとめている。

①出会いと関係づくり

信頼関係（ラポール）を形成し，クライエントにとって安心できる場を提供する。そのために具体的に必要なこととしては，先ず心理職の側から自己紹介する。個人的なことではなく，自分の名前やどういう職種や立場のスタッフなのかということ，この場は現在の悩みや困っている

状況，これまでの経過などを聴かせていただき，今後の方針を検討するためにお会いしている旨を伝える。また，ここで話されたことについて原則として秘密は守られることも伝える。

　心の問題というのは誰に対しても気軽に話せることではない。支援機関にいる専門家だとわかっていても，クライエントはなにがしかの躊躇や不安は感じるものである。不安は完全に払拭されるわけではないが，少なくともこちらが何者なのかを知ってもらった上で語ってもらうことは安心感につながる。守秘義務は支援機関において原則として重要な前提であるが，命に関わることや重大な決定事項については関係者との相談を要する場合があるので，その際はご本人と話し合った上で連絡をとりたいといったことも予め伝えておく。

　クライエントへの配慮として，来談に至った気持ちを受けとめ，話しにくいことを思い切って相談してみようと不安を抱えながら来談された気持ちを労うこと，そこで感じている不安な気持ちを汲み取り，クライエントのペースに合わせながら話を聴いていくことが大切である。

②情報収集と問題の明確化

　問題を把握し，見立てをし，援助の可能性を検討する。そのために，さまざまなことを尋ねていく。受理面接の主要目的はここになるが，安心して話をしてもらえるように，前述の関係づくりや場面設定への配慮は不可欠である。どのような情報が必要とされるかは後述するが，主訴（現在の問題）をじっくり聴くこと，そして，問題の発生メカニズムを検討するために，これまでの経緯や対応，成育歴や家族歴，家庭・学校・職場における適応状況についても把握することが受理面接者の役割となる。相談歴や来談経路，カウンセリングなど心の支援に対する予備知識やイメージについて尋ねることで，クライエント自身の問題意識をとらえる上で参考になる情報が得られる。

　質問の仕方は相手に合わせて工夫する。問題の理解と方針のために必要なことをお尋ねするという受理面接の目的を説明し，この段階ではあまり深入りせずに慎重に聴いていく。受理面接はその後の継続面接とは異なり，情報収集と方針決定が主要な目的なので，クライエントの感情を深く掘り下げることはむしろ避けた方がよい。パーソナリティや病態水準をより詳しく見立てる必要が感じられたら，心理検査の提案をすることもある。支援の場によってはルーティーンとして一定の検査実施を初期に位置付けているところもある。

　情報は言語的に語られたことだけではない。クライエントが言葉にできずにいることも感じとるように気を付ける。関連して，心理職の実感として感じていること，考えたことが，クライエントの人となりを知る手がかりとして役立つことがある。これについては，後述する。

③治療契約とセラピーへの導入

　その後の心理面接の基本的枠組みを伝える。具体的には，心理職から見立てと方針，当該機関でできることをクライエントに伝え，心理相談・セラピー等の説明を行う。多くの支援機関では，決まった曜日と時間，決まった場所で，継続的な面接を実施する。あらかじめ決められた枠組み（構造）の中で定期的に取り組むことが，心の問題の対応には有効だからである。その頻度（間隔），料金，緊急の連絡方法その他，相互の約束事を取り決めておく。

　クライエントにとっては馴染みのない進め方であるかもしれないし，そもそも心の問題の支援とは何をどうするのかわかりにくいことも多いと思われる。そうした不安や疑念には誠実に応えていくことが必要である。また，クライエント自身の希望や期待を十分に確認しながら，進むべき方向や目標についてすり合わせを行い，合意を得て，セラピー等へと導入することになる。

　以上のように，受理面接においては，必要な情報を得て，その後の支援方針を決めるという目的があるため，クライエントに何を尋ねるか，どんなことを話し合っておくか，といったポイントが，ゆるやかにではあるが決まっており，いわば半構造化面接の特徴をもっている。どのような情報が必要とされるのか，次節でみていこう。

2.　把握する情報

　受理面接で何を聴くとよいだろうか，主な内容を表3-1に示した。それらはどんな意味をもっているのだろうか。いくつかの項目に分けて

表3-1　受理面接で確認したい情報（例）

基本情報	名前，住所（連絡先），所属
問題の発生と経過	現在の悩み・症状，きっかけとなった出来事，対応として行ってきたこと，受診・相談歴，関連がありそうなこれまでの悩み・症状，それ以外で気になる問題
生活史（成育歴）	家族構成（同居／別居），家族成員の年齢，職歴・学歴，性格，相互の関係，家庭の雰囲気，家族歴（婚姻，遺伝負因，死亡など） 妊娠中及び周産期（母体の状況，出産への期待，出産時の状況など） 乳児期・幼児期（運動面・言語面・社会性・生活習慣の発達，その他の特記事項） 児童期・思春期（学業面・友人関係などの特徴） 青年期以降（進路選択，配偶者選択など） 日常の過ごし方，趣味や関心
来談動機	来談経路，支援に関する予備知識・イメージ

（注：ここであげた項目は，すべてのクライエントに当てはまるわけではなく，問題の内容や年齢，現在の適応状況などに応じて適宜，取捨選択する）

解説を加えていくことにする。

①申込における基本情報

　名前や住所，所属（学校や職場）などは，変えようのない事実である。しかし，それをどのように提示するかというところに，その人の心境があらわれるものである。

　たいがいの支援機関では来談者に申込票などへの記入をしてもらう。名前や連絡先を書くこと自体をためらうクライエントもいる。それは，秘密が守られるのかという不安や疑惑にもとづく場合もあるし，自分のアイデンティティの揺らぎの反映と考えられる場合もある。

②問題の発生と経過

　「今日はどういったことで相談にいらっしゃったのでしょうか」　受理面接はこんな言葉がけから始まることが多い。悩みや症状など来談のきっかけとなった問題についてお尋ねする。いつから何が起きたのか，どんな風に困っているのか，これまでどう対応してきたのか，相談・受診歴なども含めて尋ねる。先ずはクライエントの話の流れを尊重して傾聴に努めるが，不安や困惑の強いクライエントの場合，時系列が後先になったり，主語が誰なのかわかりにくい話し方になったりすることもある。それもその人の特徴として把握しつつ，適宜質問をして確かめていく。

　主訴（相談内容）は，支援機関を訪れるための通行手形であるという考え方がある。つまり，きっかけであって，問題の本質とは限らない。たとえば，学校に行けないという顕在化した問題が主訴として語られたとしても，その背景には，自分に自信がもてない・家族とうまくいっていないなどの内在化した問題が潜んでいることは少なくない。

　したがって主訴は，解決をしなくてはいけない何らかの問題に目を向けてほしいという心の奥からのSOSだともいえる。クライエント自身

はまだそこまで気づいていない，あるいは何となく感じてはいても語らない・語れないという状態にある。心理職はそこを汲み取りつつ，先ずはクライエントの語りに添って聴いていく。

③**生活史からの理解**

「今までの生活や環境のことなども聴かせてください」　小さな子どもの頃からこれまでの成育歴，家族構成や家庭の状況，学校や職場でどんなふうに過ごしてきたかなどを尋ねていく。問題の成り立ちや背景を考えて，対応を検討するために参考となる情報を得るためである。クライエントによっては，過去のことが現在の問題に関係あるのだろうかという疑問をもったり，よく覚えていなかったりするが，受理面接の段階で話せる範囲で話してもらう。

　子どもの問題で来談した場合は，保護者面接の中で，発達の経過を詳しく聴いていく。周産期，乳児期においては心身両面の発達を見ていくことが大切である。さらに，幼児期，児童期における家庭や学校での適応状況，他の子どもとの関係などはどうかなどを尋ねていく。多くの場合，保護者面接と並行して別の心理職が子どもとプレイルームで一緒に遊ぶことを通して，他者との関わり方，コミュニケーションのあり方や，環境に対する興味関心の持ち方，玩具等の扱い方などを観察する。

　クライエントの家族構成と，各家族成員の年齢，職業，パーソナリティ，その他の特徴，家庭内の人間関係や家庭の雰囲気についても尋ね，クライエントのおかれた環境を理解する。学校や職場での様子を話してもらうことは，クライエントの対人関係や日常的な課題対処の仕方を知るだけでなく，支援に協力できる体制が整っているかを模索することにも役立つ。また，クライエントの家族に対する思いも，その言葉から読み取ることができる。

④来談動機

　「ここ（支援機関）にはどういったことを希望されて来られたのでしょう」　今ここに，何を求めて来談したのかについて尋ねることは，クライエントの問題意識や自己変化に対する動機付けの一端を知ることになる。

　森田（2001）は，学生相談臨床の経験から，来談学生の特徴として「ガイダンス期待」「カウンセリング期待」「ケアサポート期待」の3つがあることを提示した。「ガイダンス期待」は，直接的問題解決のために情報や助言がほしいというもので，比較的短期間で終了するが，繰り返して来談することも少なくない。社会的資源を活用するスキルは高く，ピアサポートなども有効と考えられる。「カウンセリング期待」は，自己変化成長のため内面探索を求め，自分を振り返りたいというもので，対人関係や生き方がテーマとなる。継続的な心理相談面接（カウンセリング）が有効である。「ケアサポート期待」は，不安，混乱，動揺が強く，どうしたらよいかわからないという気持ちで，とにかく救いを求めて駆け込み寺のように来談する。病理が重い場合が多く，いわゆる心理療法として内面を深めるよりも，ソーシャルワーク的な関わりで現実適応を援助することを優先する。

　また，もともとその人が抱いていた支援機関や心理職その他の支援者に対するイメージや認識は来談に影響する。「②問題の発生と経過」の項で，これまでの対応や受診・相談歴についても尋ねることを述べたが，どこでこの支援機関を知ったのか，どう感じたのかなども把握しておきたい。誰かに勧められて，仕方なしに嫌々来たのか，あるいは逆に過剰な期待をもって来たのか，別の支援機関を利用した経験がある場合は，そこでどんな体験をしたのか，どうしてそこをやめたのか，などクライエントの思いを語ってもらうことで，その後の支援関係を予測する

ことも可能である。

3.　継続面接の中でのアセスメント

　1章で，アセスメントは支援の出発点であると述べたが，受理面接や関わり初期の段階のみで完結するわけではない。最初に得られた種々の情報から仮説あるいは予測としてたてた「見立てと方針」は，関わりが進むにつれ修正を加えることになる。それは，最初にはわからなかったことが明らかになっていった結果でもあるし，関わりの中でクライエントが実際に変化することにより，支援の目標も軌道修正される結果でもある。つまり，心理支援は一瞬一瞬がアセスメントの連続なのである。

　時として，面接中に感じる心理職の側の気分が手掛かりになることもある。このクライエントと面接する時に限って，何故か眠くなってしまう・自分の方がイライラしやすくなる・苦手意識を強くもってしまう，などのネガティブな感情がわいたり，逆に，何故か助けてあげたくなる・会うのが毎回楽しみである・しょっちゅうそのクライエントのことを考えてしまう，などポジティブではあるが，のめりこみ過ぎた感覚に陥ることもあり得る。そのような時にするとよい対応は2つある。

　1つは，当然のことながら心理職がセルフモニタリングを心がけることである。どんな時に感情が動きやすいか，何を好み，何を嫌っているのか，何に怒りを感じやすいのか，思考や行動のパターンはあるかなど，自分自身の特徴について，支援者としての側面だけでなく，個人としての特性にも目を向けることである。何故この場面で？何故この人に？といったことを考えてみる。ただし，自分の感情を無理に押し殺したり，望ましいと思われる行動をとろうとしたりするのは逆効果である。自分の特徴を知っておくこと，できるだけ目をそむけずに知る努力

をすることが肝要である。

　2つ目の対応としては，自分（心理職）が感じる内容は，そのクライエントの身近な人たちが感じることと近いかもしれない，という可能性を検討することである。つまり，クライエントの特徴として生じる対人関係がここでも起きているという考え方である。何故か助けてあげたくなる・何故か拒否したくなる，そんな雰囲気を知らず知らずに発してしまうことが，そのクライエントのパーソナリティ特徴かもしれない。面接の中での関係のあり方もアセスメントの手がかりとなる。

参考文献

森田美弥子「対人関係の相談事例から」鶴田和美編『学生のための心理相談』（培風館，2001）

森田・加藤・堀・西原・細野・坪井「初回面接の役割と留意点―臨床実践を学ぶ大学院生による「覚え書き」作成の試み―名古屋大学心理発達相談室紀要17」（2002）

森田美弥子・金子一史編『心の専門家養成講座①臨床心理学実践の基礎その1基本的姿勢からインテーク面接まで』（ナカニシヤ出版，2014）

学習課題

1．受理面接を行うための具体的な質問を考えてみよう。クライエントが戸惑わずに答えられるようにするには，どんな言葉がけがよいだろうか。
2．面接によるアセスメントの利点と限界（課題）は何か，考えてみよう。

4 | 心理検査によるアセスメント⑴ 投映法

佐渡忠洋

《**学習目標**》 投映法の歴史と理論を把握し，代表的な技法の実施と特徴を理解する。さらに，関心を持った技法を念頭に，専門家としての今後の技法修得および訓練を考える。

《**キーワード**》 投映法，ロールシャッハ法，TAT，SCT，描画法

---

1. 導入

　本章の目的は，投映法というアセスメント手法を概説し，この魅力ある技法群へと読者を誘うことである。しかし，この修得は大学院レヴェルの課題であって，扱いには十分な訓練を要する。そのため，臨床家としての基本態度を学び，『投影査定心理学特論』（小川ら，2015）などの専門書を経てから，各技法へと主体的に進まれることを期待する。なお，学修前に≪自分が受ける≫という被検者体験を推奨しておく。新鮮な状態でのこの体験は，今後の学びの，ある部分では人生の道標となるからである。

　基礎を押さえてから，仮想事例とともに主たる技法をめぐり，投映法が抱える課題，孕んでいる可能性に触れていく。以下，セラピスト（検査者 or 実施者）は Th と，クライエント（被検者 or 対象者）は Cl と略記する。

2. 基礎

（1） 投映法（projective methods）とは

　一度，われわれの生活を思い起こしてみる。壁のシミが顔に見える，友人の何気ない言葉を攻撃と感じる，目が合った相手が自分に好意を持っていると思う，ある対象に思わずイヤな感情が出てくる…。あるいはより能動的に，想いを叫ぶ，気持ちを詩にする，浮かんだ情景を絵にする…など。これらは個人の生きた経験である。こうした生が息づく個別的現実に接近を試みる専門技法が投映法である。

　技法の定義は，「被験者に比較的自由度が高く正誤や優劣の評価が下せない課題の遂行を求め，その結果からパーソナリティを測定する方式をとるもの」である（神村，1999）。ここに実践上重要な2点，イメージと人間関係から技法の特徴を描写する。

　投映法はいわばイメージの表現といえる。Cl らしさの一部は，ゆるい刺激に反応してイメージの姿で現れる。イメージが何たるかの説明は難しいけれど，たとえば藤岡（1983, p.3）は「生物が外界と絶えず対応関係を保つ間に，知覚を介してみずから形づくる精神の内容」とする。河合（1991）はこのイメージの特徴に，自律性，具象性，集約性（多義性），直接性，象徴性，創造性，そして心的エネルギーの運搬を挙げている。イメージはその人らしさを表現する恰好なものである。Th 側のイメージもまた Cl の表現により賦活される。

　さらに，投映法は当の人間関係を構造化するものでもある。技法により程度の差はあれ，投映法は Cl と Th との関係を基盤にし，かつ両者を仲介する。≪正解≫のない場でのやりとりがその関係を展開させもする。投映法の多くがそのまま治療技法となりうる所以である——これを安易に考えることは危険だが。したがって，「投映法を一人でやってみ

た」との体験は，どこか大切な部分を欠いていると言わねばならない。

　イメージと人間関係は単一の≪正解≫をもたない不確かなものである。故に，投映法結果も当然不確かなものとなり，その扱いは自然科学の範疇に入らない部分がある。不確かさを嫌うと，投映法回避へと傾くだろう。しかしやはり，投映法の強みは，特にこの2点にあると強調しておく――デメリットも考えておく。この部分は第5章で扱う質問紙法にも関わっているけれど，概して，投映法は質問紙法よりもその程度が高い。

（2）歴史

　投映法が出てくる土壌にはロマン主義があった。その具体的な端緒は一般に，分析心理学の創始者ユング（Jung, C.G.）による言語連想検査の業績（Jung, 1904／1993），投映法の名を最初に冠したフランク（Frank, L.K.）の総説論文（Frank, 1939）などとされる。ここで，昔から使われていた数多の業にも目を向けたい。エレンベルガー（1970／1980）は力動的心理療法のルーツをシャーマンの呪術に見た。同じように，投映法の原型もそうした業に求めることができよう。洞窟の岩壁の凹凸に躍動する獲物を見て，呪医の奇怪な言葉に真剣に耳を傾け，熱した骨に浮き出たヒビから吉凶を感じ，大いなる理を知ろうと竹棒を抜き取り，星の輝きより世界の意味を汲む…。投映法を占いや呪いと同一視するわけではない。臨床家は地に足をつけた者でいてほしい。けれども，古より伝わる諸技法から，特に訓練と責任感，そして実施時の迫力など，現代の投映法が学ぶ点は多い。

　1930年代以降，投映法の実践と探求は活性化した。その発展は精神分析の興隆と同期しており，現場のニーズと研究者の野心などが絡まり幾多の技法を産み落としてきた。1970年代後半になると，この隆盛は減

じ，勢いは失せたかに見える。「分かりやすいもの」や「具体的なもの」を重視する時流が影響したのであろう。国の内外でこの事情は同じだけれど，日本は今でも投映法をよく採用する国のようだ――日本人の心性は投映法と相性がよいのかもしれない。

　かつて筆者が耳にした批判に「いまだ投映法を頻繁に使っている日本の心理臨床は時代遅れだ」というものがある。この批判は「日本酒とワイン，どちらが格上か？」の問い立てと同じで，出発点から的外れである――好き嫌いなどの想いを有用性とすり替えて論じるべきではない。遺伝子や脳の解析などからヒトがいくら説明されても，より良い質問紙が開発されようとも，それが投映法を時代遅れの技法と断ずる理由，これらを捨て去る理由にはならない。投映法の有用性は何より，多くの臨床実践が示している。

（3）理論――投影／投映仮説

　かつては「投影法」の和訳が当てられた。投影の語源はラテン語のprojectum で，その意味は「前に投げ出されたもの」であるから，英語名は本技法群の特徴をよく言い表している。その後，この技法の反応機序が精神分析学の「投影」とは異なるとの理由などから，「投映法」の表記が多くなった。ただし，初期から「projective」と名付けられたこと，先述したような歴史があることから，投映法理論の多くは深層心理学派と親和的である。したがって，投映法は Cl の無意識的なパーソナリティを射程に入れており，これが質問紙法に勝る点としてよく挙げられる。

　とはいえ，実際の投映法表現には Cl の意識的なもの・無意識的なものの双方が表れていると仮定でき，認知特性や情動面，好み，癖，記憶，知識，文化，さらには社会情勢なども含んでいると考えるべきであ

る。最近視た TV の内容や昨夜の夕食など，生活者の内に残った多様な像も表現に影響を与えていよう。そのため，学修初期で精神分析学派に拠ることは自然だが，それは投映法を支える一理論であること，人間の学（発達論や言語学や認識論など様々な知）が投映法修得には欠かせないことを自覚しておく。2000年代以降は神経科学による検討も進んでおり，更なる発展が期待されている。

　なお，技法によって強調される理論が異なるのは，創案者の志向，創案の年代，発展の経緯などが多様なためである。共通理論を見出すことは不可能だが，多かれ少なかれ，やはり投影／投映仮説の影響は広範囲に見える。本仮説は今日，認知科学研究においても一部採用されている（Garety & Hemsley, 1994／2006など）。ユングの「われわれの精神的な全生命，われわれの意識は，投影をもって始まった」という個体発生・系統発生からの洞察は，人間の生における投影の重要さを教える（Jung, 1988, p.1496）。投影／投映仮説という説明概念を安易に否定することに利点はない──この理論を使って多くを還元的に説明しすぎる点には注意を要する。

（4）分類
　投映法の特徴を浮かび上がらせる分類にはいくつかある。中でも，皆藤（2004）のそれはイメージを重視する点で本章と軌を一にする。そこで皆藤に倣い，イメージを表現する様式に着目し，この技法群の全体像を表4-1に示した。項目には重なりもあり，すべての技法を挙げているわけではない。

表4-1　イメージの表現様式からみた投映法の分類（皆藤，2004より作成）

…を語る技法	ロールシャッハ法，TAT（主題統覚検査），CAT（児童用主題統覚検査），MAPS（絵画物語作成法），言語連想検査，三つの願い
…を言葉にする技法	SCT（文章完成法），P-Fスタディ，K-SCT，SCT-B，TST（二十答法），転生願望法
…を選択する技法	ソンディ・テスト，CST（色彩象徴テスト），CPT（カラー・ピラミッド・テスト）
…を描く技法	バウムテスト，風景構成法，HTP法，DAM（人物画），スクイッグル，スクリブル，家族画，星と波テスト
…を布置する技法	箱庭，世界技法，サークルテスト，DLT（人形配置技法），モザイクテスト，コラージュ，図式投映法，FIT（家族イメージ法）

3. 代表的な技法

　日本における心理的アセスメント技法の使用頻度調査によれば（小川，2011），投映法は，バウムテスト（1位），文章完成法（3位），ロールシャッハ法（6位），HTP法（7位），風景構成法（8位），P-Fスタディ（10位）がTOP10に入る。投映法が心理的援助の現場で活躍している証である。本節では上位3技法を中心に紹介する。なお，基本的な実施である1対1の場面を想定し，事例部分の発話はClが「　」，Thが〈　〉で表した。

　なお，一般書において必要以上に技法の種明かしを行うこと，特に投映法の刺激をそのまま示すことは，専門的観点から禁忌とされるため，例文や模擬を使用する。

（1）バウムテスト（Baumtest / Tree-Drawing Test）

　絵を描くよう求める技法の総称を描画法といい，その1つで，実のなる木を描いてもらうものがバウムテストである。1949年，スイスの心理学者コッホ（Koch, K.）が体系化した（Koch, 1957／2010）。実施が簡便で，Clへの侵襲性が低く，バウム（描かれた木）が直接的に Th の心に響く点などが評価され，1970年代より日本では頻繁に使われている。なお，無数の種類がある描画法の中でも，日本産の風景構成法（Landscape Montage Technique）はアセスメントと治療の両面で優れていることには触れておきたい。HTP法は第12章で取り上げる。

|用具|　A4判画用紙と 4B 鉛筆。

|手順|　Cl に用具を差し出し，「実のなる木を1本描いてください」と教示。Cl の表現を邪魔しない範囲で，描かれていく順序なども記録。描画後の質問（Post Drawing Inquiry）では，樹種や樹高や樹齢などを尋ねる。所要時間は5～15分程度。

|解釈|　バウムの形態，位置と大きさ，筆の動きの3点から解釈するのが一般的である。

　形態を捉える部分的・類型的な指標は諸研究により開発されてきた。しかし，指標を使った Cl 理解には限界があるため，研究知見は参照しつつも，全体的印象から入り，表現を受け止める着目点という程度で指標を活用するのが良い。例えば，「枝先が尖っているので攻撃性が高い」という公式のような解釈は，技法の可能性を減じる方へ働く。

　位置と大きさは目に入りやすい特徴である。例えば，バウムが用紙1／4程度の大きさで左下にある時，それを即座に「自信がない」と解釈するのは性急である。Cl は小さくしか描けなかっただけでなく，中心領域を避けた，別のモノを後で描くことになると考えた，木を遠くに表現した（主体とバウムとの距離が大），との見方も可能だからである。

52

空間的特徴はグリュンヴァルドの図式（Koch，1957／2010，p.36）が参考になる。

　筆の動きは，「何を」ではなく「どう描いたか」という理解のスタンスに基づく。コッホはこのために筆跡学も修めていた。例えば，描く途中で手がフッと止まった，幹でなく樹冠部から描き始めた，あちこちと移動して枝を付けた，などの意味を考えていくことになる。

事例　理系の男子大学生。不登校だった彼を，事務職員が学生相談室につれてきた。初回面接：「やる気が出ない」，「大学に行っても意味があるのかって」。涙ぐみ「ずっと考えてきたけど分からない，自分が何をしたいのか」。これを10カ月間，アパートでひとり考え続けたのだという。第2回面接：5年前に亡くなった祖父の話。「お坊さん（という

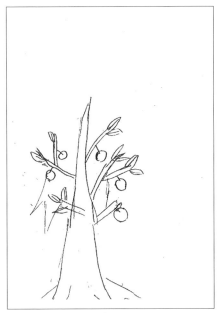

図4-1　男子学生のバウム

職業）もいいな」。バウムテストを実施（図4-1）。用紙下縁のやや左に，八の字で幹を描き，根元を整えると手が止まる。鉛筆が空を動いた後，短い八の字を足して幹を上へ少し伸ばす。左右に枝を加えて，再び筆が彷徨う。数十秒の間があり，幹を一気に上へと伸ばして上端を閉じる。幹の左右に枝を足し，8分程度でモミの木型のバウムを完成させた。

　このバウム上部は枝葉に守られていない。しかし，最後に幹を伸ばして閉じた Cl に，事態展開の力を Th は感じた。葛藤の中でも模索して，何とか次へ進むこの力を信じて会おうと Th は考えていた。その後の面接は，12回目で授業復帰により終結。

（2）文章完成法（Sentence Completion Test : SCT）

　短い未完成の刺激文があり，それを自由に完成させて一つの文章を書いてもらう技法である。1897年，ドイツの心理学者エビングハウス（Ebbinghaus, H.）が知能測定を狙って原型を創案した。その後，欧米での研究を経て完成し，日本では複数種が開発された。ここでは「精研式SCT」を取り上げる（佐野・槇田，1972b）。

用具　刺激文50個がある用紙（学年により3種）と筆記用具。

手順　文章の完成を求めるが，表紙の「記入のしかた」（図4-2）があるため，実施で困ることは少ない。所要時間は30～90分程度。

解釈　回答文章をスコアリングする方法もあるが，何より，全文章を味わうことが重要である。筆者は少なくとも2度読むよう心がけている。1度目は全体を捉えるつもりで，2度目は Cl が刺激文をどう取り入れ・どこから反応したかを想像しながら読む。また，回答の形式面から理解できることは多い。例えば，「私の家　せまい」と文章を作らない，小学3年生で鏡文字がある，徐々に短文の回答になる，目立つ項目

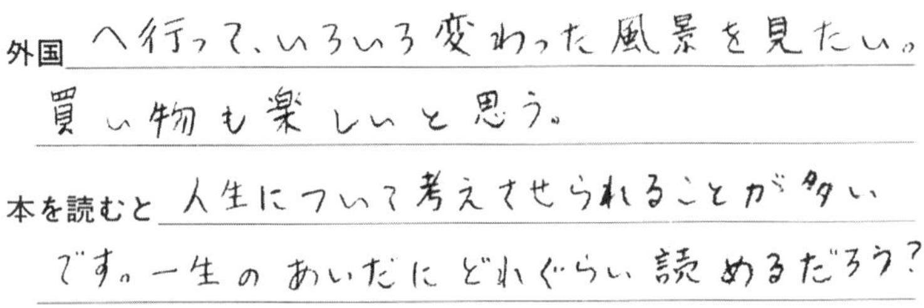

外国　へ行って、いろいろ変わった風景を見たい。買い物も楽しいと思う。

本を読むと　人生について考えさせられることが多いです。一生のあいだにどれぐらい読めるだろう？

図4-2　SCT用紙（高校・成人用）の記入例（佐野・槇田，1972a）

（長短／家族への想い／空欄）がある，成人で漢字が少ない，などである。

事例　公的機関での母子並行，母親との初回面接（子どもは小２女児）。母親は来談経緯を語ってから，「あの子が何を考えているのか分からない。他の子（姉と弟）のことは分かるのですが…」「この子が一番育てにくい」と涙。「実は…，手をあげてしまう時も…」。面接後半，「そういえば」とインテーカーから受け取っていたSCT用紙（女児が記入）をThに渡す。「私のことも書いてありました。その中の…」と促され，Thが用紙を開くと，母親は２箇所を指す。『母がもう少し　いっしょにあそんでほしい』，『叱られるのは　お母さん』。〈あぁ…〉。「怒ってばかりじゃなくて，○○（女児の名）を分かるようになりたい」。母親は自身を見直す時間として継続面接を希望した。

　宿題形式の実施は，推奨できないが実務としてはありうる場面である。母親が娘のSCT回答を指し，面接がさらに動いた点に着目したい。SCTに限らず，投映法表現には人を唸らせる力がしばしばある。イメージ表現は，Thに対してだけでなく周囲の人に対しても，メッセージを生々しく伝える。

言語表現による他の技法　P-Fスタディ（Picture-Frustration Study）と転生願望法（Reincarnation Fantasy Technique）にも触れておく。

　P-Fスタディは，1945年，アメリカの心理学者ローゼンツァイク（Rosenzweig, S.）が創案した。場面が図で示され，そこに回答を書くよう求める技法である（図4-3）。設定場面はどれも幾許かのフラストレーションを感じる形になっている。SCTと似ているが，特に場面の認識とそれへの対応という点で，Cl理解が可能である。

　転生願望法は山中康裕が体系化した，「生まれ変わったら，どんな動物になりたい？　それはどうしてかな？」と尋ねる技法である（山中，1978）。会話中に自然と導入しやすく，Clは「心理検査を受けている」と感じにくい。学校での暴力を問題としていた小3男児は「アリ。小さくて黒くて，いろいろ行ける」と，ネグレクトで児童相談所に入所していた小4女児は「ゴリラ。優しいもん」と答えた。この回答はThにとって，遊びや会話の意味を新しい次元で考える契機となった。

　図4-3　P-F スタディ用紙（成人用）の記入例
　　　　（Rosenzweig, 1944）

（3）ロールシャッハ法（Rorschach's Inkblot Method：RIM）

　最も代表的な技法 RIM は，インクのシミ（図4-4）が「何に見える
か」を問うものである。1921年，スイスの精神科医ロールシャッハ
（Rorschach, H.）が考案した後，世界中で研究がなされ，様々な方法論
が確立された。ここではまず，世界で最も使用されているだろう包括シ
ステム（エクスナー法）を念頭に説明する（Exner, 2003／2009）。

用具　Hogrefe 社（旧 Hans Huber 社）の RIM 図版（10枚），記録用
紙，ストップウォッチ。

手順　反応段階では，図版を順に Cl へ手渡し，それが「何に見える
か」を答えてもらい，反応（と共に時間や仕草など）を記録。質問段階
では，先程見たものが「図版のどこに見えて・どこからそう見えたの
か」を教えてもらう。所要時間は40～90分程度。実施後，得られた反応
をスコアリングして集計。スコアリングでは主に，反応領域（どこに見
たか）・決定因子（反応する際に図版のどんな特徴を使ったか）・形態水
準（出てきた反応と図版との適合度）・反応内容（何を見たか）を捉え
る。

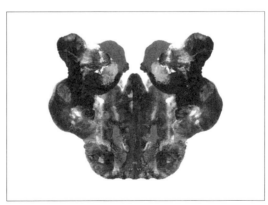

図4-4　RIM の模擬図版

解釈　包括システムの場合，集計結果はクラスターとしてまとめられる。クラスターには，「感情の特徴」「統制力とストレス耐性」「認知的媒介」「思考」「情報処理過程」「対人知覚」「自己知覚」「状況関連ストレス」がある。吟味するクラスターの順序，クラスター内で着目すべき変数など，解釈のステップは整備されている。

　そもそも考案者ロールシャッハの卓見は，反応内容よりも決定因子を重視したことであった。現在，システムにより解釈の強調点は若干異なる。例えば，各図版の特徴を考慮しつつ，反応の移り変わりからClの意識と行動の変化を捉えようとする継起分析がある。これは心理力動論を基盤とする慶大法（馬場法）が得意とする。反応内容に暗示された感情的表現，および実施全体で示された言語表現と態度から思考や対人様式の特徴を知る名大法もある。さらに，把握型（図版の全体と部分の把握の仕方）と体験型（決定因子における運動＋形態と色彩＋形態の現れ方）を重要視し，Clの体験構造に重きを置く阪大法がある。他にも，バランスに優れ，多くの研究知見をもち，日本で広く採用された片口法，包括システムの問題克服を試みる新規参入のR-PAS（Rorschach Performance Assessment System）があり，「お母さんのイメージに合う図版はどれ？」とイメージカードを尋ねる手法もある。

　初学者は実施とスコアリングの特殊さに加え，システムの多さに困惑するであろう。Clの世界を理解する上でThの世界観は重要なものになる。これを意識して，自分と相性の良いシステムを探してほしい。

事例　自己臭恐怖を抱える男子大学生。2年間の休学から復帰した際にRIMを実施。具体例として，Ⅷ図版における①・②反応のみを示す（図4-5）。

Time	Posi	Performance proper	Inquiry	Scoring
4" 12"	∧ ∧	①桃ですね。 …果物かな。	①最初にこの桃のように、色付けが。ピンクと緑だったので、桃のように思いました(D3以外を囲む)。＜他に？＞ それだけです。緑は本来は下にあって、あったの。＜ここは(D3)？＞ そこは気にしないですね。ピンクだけ見てです。＜その後、果物かな、っておっしゃったけど。＞ そうです、同じです。あと、イチゴにも見えたなって。＜どういう所が？＞ イチゴの形はこういう、もとの、同じような形です。一緒です。＜イチゴの特徴？＞ 形だけですね、本当に。 ※一つの反応と理解※	dr CF non Food
25" 57" 1'27"	∧ ∧ ∧	②トランプのハートが、緑で引き裂かれたような、ハートから緑が出てきたような。 …ハートの中で何かが起きて、緑が暴走して、破裂したような。 …緑のは本来、ハートの下にあるべき。	②最初は、ハート(D2からd1を除いた部分)のところだったのが、中に緑(D7)が暴れ出して、それが、バサっと開いたために、外の殻がバリっと割れたって言う。＜ハートの何？＞ ハート型のなんですかね。元は中にこんなくらいですね、ハートの中に何かがあったんです。＜その後に、ハートの中で何かが起きて、緑が暴走して破裂したような、っておっしゃったけど、それは？＞ っは、ハート型の中で何かが起こったって言う。＜ふーん。その後の、緑は本来、ハートの下にあるべき、っていうのは？＞ これは、桃のことだと思います。桃だと緑は下にあるべきだという。　※最後は①の補足と理解※	W Fm — 何か, Expl

図4-5　自己臭恐怖を抱えた男子大学生のⅧ図版における反応例
（片口法旧法による）

（4）主題統覚検査（Thematic Apperception Test：TAT）

　RIM と双璧をなす代表的技法 TAT も短く紹介する（赤塚，2008）。これは米国の心理学者マリー（マレー；Murray, H.A.）が中心となって1943年に完成させた。日本の活用頻度では TOP20 にも入っていないが、「RIM は人格の骨組みを，TAT は肉づき具合を捉える」と言われることもあり、本技法は Cl の一側面を鋭敏に浮かび上がらせる。

　用具はハーバード大学出版局の図版（31枚），記録用紙，およびストップウォッチである。実施は通常，Cl の年齢・性別から選抜しておいた20枚の図版（例は省略）を使い，1枚ずつ手渡し，図版内の絵に対して物語を作り話してもらう。所要時間は50～90分程度。マリーは反応物語を欲求と圧力の観点から分析したが，発話までの時間や言い淀みなど形式面からも解釈を行う。

4．投映法とこれから

（1）姿勢：投映法は使い手により決まる

　基礎と代表的技法はおさえた。本技法群の課題と可能性を論じる前に，技法の性質上，姿勢に触れねばならない。

　冒頭で述べたように，修得には訓練が不可欠である。事例１つひとつから学ぶ重要性，論文や書籍を紐解く大切さは言うまでもない。ここで強調する訓練を包括的に言い表せば，初期に培うべきは専門家としての姿勢となろう。この姿勢は訓練と生活の中で形作られる。筆者の経験を思い起こすと，これを自分だけで磨くことは難しく，同僚・上司・仲間・先輩・スーパーヴァイザーとの関わりが肝要であったと思う。特に，研修会や勉強会，個人／集団スーパーヴィジョンは，自分の姿勢を強烈に，そして相対化した形で知らしめる。投映法修得には必ず，こうした機会を自分で作っていく努力が付随する。心理面接を行う能力の成長，つまり心理療法家としての成長が，投映法の上達の鍵となる。投映法は究極的には，どう使うかよりも誰が使うかの問題になるだろう。

（2）課題と可能性

　投映法はこれまで多くの批判に曝されてきた。総じて，投映法の科学性が問題視されてきたわけで，ほぼすべての技法で信頼性と妥当性，標準化（評価法も含む），知見の質と集積の程度に疑いが持たれてきた——先達らの多大な努力にもかかわらず。批判の中には，自然科学至上主義からのもの，明らかな誤解によるものもある。しかし確実に，一部は社会的要請でもある。知の明証性（エヴィデンス）を重んじる今日，公共性を伴う形で技法の特徴・限界を確かめ，責任に応え続けることを投映法は求められている。本課題との継続的格闘は研究だけの問題ではない。個々のユ

ーザーへ，「何を知っているのか（Que sais-je?）」を厳しく問うているのである。専門家として，これに回答する器量を持ちたい。

　時代の色調は，投映法の明るい未来を約束してはいない。現場の心理職を対象とした調査結果からは（小川，2011），将来投映法は「使われなくなる」との意見が19％もいて，「今より盛んに」は９％に過ぎない——そして「（今と）変わらない」は72％。しかし，投映法の修得・実践が心理療法家としての訓練・成長にも資すること，本技法が心の矛盾・不合理さに接近しうるツールであることも考えれば，本技法群にはいまだ可能性が潜在していると分かる。投映法がこれからも現場のアセスメントを支え続けることに，筆者は何ら疑いを持ってはいない。

　最後に，風景構成法の考案者・中井久夫が述べた言葉を記す（中井，1992）。今後のわれわれの実践における投映法全般の意義を，この言葉は表していると思うからである。

　　風景構成法は患者をおとしめ，減点するためにあるのではない。しばしば意外な可能性を見出し，また慎重さを治療者が自戒するためにあるといってよいであろう。

引用文献

赤塚大樹『TAT 解釈論入門講義』（培風館，2008）

Ellenberger, H.F.（1970）. *The Discovery of the Unconscious : The History and Evolution of Dynamic Psychiatry*. New York : Basic Books. 木村敏・中井久夫監訳『無意識の発見』（弘文堂，1980）

Exner, J.E. Jr.（2003）. *The Rorschach : A Comprehensive System Volume 1, 4th edition*. Hobokne : John Wiley & Sons. 中村紀子ほか監訳『ロールシャッハ・テスト』（金剛出版，2009）

Frank, L.K.（1939）．Projective Methods for the Study of Personality. *The Journal of Psychology*, 8（2）, pp.389-413.

Garety, P.A. & Hemsley, D.（1994）．*Delusions : Investigations into the Psychology of Delusional Reasoning.* Oxford : Oxford University Press. 丹野義彦監訳『妄想はどのようにして立ち上がるか』（ミネルヴァ書房, 2006）

藤岡喜愛『イメージ――その全体像を考える』（日本放送出版会, 1983）

Jung, C.G.（1991［1904］）．Experimentelle Untersuchungen über Assoziationen Gesunder. In ; *Gesammelte Werke, Bd. 3, 3. Auflage.* Olten : Walter-Verlag. 髙尾浩幸訳『診断学的連想研究』所収（人文書院, 1993）

Jung, C.G.（1988［1934-1939］）．*Nietzsche's Zarathustra : Notes of the Seminar Given in 1934-1939 by C.G. Jung.* Princeton : Princeton University Press.

皆藤章編『臨床心理査定技法2』（誠信書房, 2004）

神村栄一「投影法」中島義明ほか編『心理学辞典』p.621.（有斐閣, 1999）

河合隼雄『イメージの心理学』（青土社, 1991）

Koch, K.（1957）．*Der Baumtest, 3. Auflage.* Bern : Hans Huber. 岸本寛史ほか（訳）『バウムテスト［第3版］』（誠信書房, 2010）

中井久夫「風景構成法」『精神科治療学』7巻3号, pp.237-248.（1992）山中康裕編著『風景構成法 その後の発展』所収（岩崎学術出版社, 1996）

小川俊樹『心理臨床に必要な心理査定教育に関する調査研究 第1回日本臨床心理士養成大学院協議会研究助成 研究成果報告書』（2011）

小川俊樹・伊藤宗親編著『投影査定心理学特論』（放送大学教育振興会, 2015）

Rosenzweig, S.（原著）林勝造（日本語版作成）『P-Fスタディ（成人用）』（三京房, 1944）

佐野勝男・槇田仁『SCT用紙（高校・成人用)』（金子書房, 1972 a）

佐野勝男・槇田仁『精研式文章完成法テスト解説（成人用)』（金子書房, 1972 b）［小・中学生用は1961年, 金子書房］

山中康裕「思春期内閉」中井久夫・山中康裕編『思春期の精神病理と治療』pp.17-62.（岩崎学術出版社, 1978）『山中康裕著作集 第1巻』所収（岩崎学術出版社, 2001）

参考文献

Anzieu, D. & Chabert, C.（2004）．*Les méthodes projectives*．Paris : PUF.

馬場禮子編著『力動的心理査定』（岩崎学術出版社，2017）〔RIM，慶大法（馬場法）〕

伊藤隆一『SCT（精研式文章完成法テスト）活用ガイド』（金子書房，2012）

片口安史『改訂　新・心理診断法』（金子書房，1987）〔RIM，片口法〕

岸本寛史『バウムテスト入門』（誠信書房，2015）

Meyer, G. J. et al.（2011）．*Rorschach Performance Assessment System*．Toledo : Rorschach Performance Assessment System．高橋依子監訳『ロールシャッハ・アセスメントシステム』（金剛出版，2014）．〔RIM，R-PAS〕

名古屋ロールシャッハ研究会編『ロールシャッハ法解説』（金子書房，2018）〔RIM，名大法〕

田澤安弘ほか編著『ナラティヴと心理アセスメント』（創元社，2018）

辻悟『ロールシャッハ検査法』（金子書房，1997）〔RIM，阪大法〕

学習課題

1．投映法がもつメリットとデメリットを考えてみよう。
2．生活の中を振り返り，投影／投映仮説がどのように働いているか考察してみよう。
3．興味をもった技法を一つ選び，できれば実際に受けてみて，自らの反応・表現を解釈してみよう。

5 │ 心理検査によるアセスメント(2) 質問紙法

佐渡忠洋

《**学習目標**》 研究と実践において質問紙法を活用できることを目指し，理論と代表例を理解する。さらに，個別の質問紙を吟味して適した種類を選択する方法，結果の解釈の留意点なども把握する。
《**キーワード**》 質問紙法，TEG，YG，MMPI

----

1. はじめに

　パーソナリティ検査法の中で，質問紙法は最も学修開始に適したものであろう。ただし，「心理学研究法」「心理学統計法」「人格心理学」などの科目の知識は欠かせない。読者がこれらを修めていると考えて本章の概説は進むため，用語や手法などは各自で確認してもらいたい。なお，卒業研究で質問紙調査を行う人は多いと予想し，個々の検査の紹介以上に，基本的な考え方に紙幅を割くことにした。Th（セラピスト）と Cl（クライエント）の略記は第4章と同じである。

2. 基礎

(1) 質問紙法（questionnaire methods）とは
　問題やターゲットとしている事柄に関する一連の質問を Cl に指示通り答えてもらうように印刷したものを質問紙と呼び，これを使って個人

差や集団の傾向などを理解する方法の総称を質問紙法という（金児，2004）。他の学域でもよく使われている。用紙でなくインターネットによる実施手法もあり，これも含めて考えておこう（以下は用紙による実施を想定する）。Cl の言語能力と質問紙の出来（教示と質問の文章，回答方法，レイアウトなど）が回答の質を左右する。Cl の自己報告に依存しているので，回答は意図的に歪曲される可能性もある。回答方法には，自由記述を求めるものと選択肢を提示するものがあり，後者は結果を得点化しやすい。なお，質問紙を「尺度」と呼ぶことは多いが，その呼称はここでは避ける――ある検査では得点のまとまりを指す語として「尺度」の名を使うので混乱する。また，質問紙は英語で「questionnaire」「inventory」「scale」「sheet」などとされるけれど，調べた限り，その使い分けは判然としない。

　ここまでの説明で，巷には質問紙が溢れていると分かる。レストランの卓上に置かれた「ご要望」，メールアカウントに届く「アンケート」，イベント後に提出を求められた「評価シート」，健康診断時の「ストレスチェック」，5 年に 1 度行われる国勢調査も質問紙法となる。それらも個人と集団の特徴・態度・現状を捉える方法だが，心理的アセスメントという行為を支えるのは，慎重に作られた専門的な質問紙である。

（2）信頼性・妥当性・標準化

　専門的な質問紙とは，一定の基準を満たした研究により検査の特徴・限界をある程度検証したものを指す――検証が不十分なものを排除するわけではない。まず重要なのが信頼性（reliability）と妥当性（validity）である。信頼性は，その検査を同じ人に同じ条件下で実施した時，一貫して同じ結果が得られる程度をいう。妥当性は，測定を狙った部分を測定できているかの程度，あるいは，その検査結果の解釈とそこから成さ

れる推論の正当性の程度をいう。「標準化された検査」との言葉を耳にしたことがあるかもしれない。一般に標準化（standardization）とは，信頼性・妥当性の検証に加え，検査の用具や手続きを一律なものに定め，収集したデータからある得点（結果）を，正規分布を仮定した新しい得点に変換するための基盤構築を意味する。

　上述した検証によって人間を云々論じる考えを，不快に思う者もいよう。それは，十人十色・百人百様の言葉があるように，個性の唯一性を認めれば当然の反応である。ただし理論的には，Cl のパーソナリティをしっかり把握していると仮定できるもの，個人の得点の高低などを母集団との比較で捉えていると仮定できるものは，上のような作業を経た検査である。質問紙作成（尺度作成）の中身を知れば，この意味を（限界も）理解できる。

（3）質問紙の実物例

　実際のアセスメントで使われる質問紙は簡単に入手できない。ただし，実物を見ずに本章の議論を想像することは難しいだろう。そこで，大規模調査で使用されており，インターネットでも公開済みの質問紙『K10』を図5−1に示す。項目反応理論に基づく K10 は，「うつと不安」のスクリーニング（抽出）を目的とした10項目からなる。詳細は，ハーバード大学メディカルスクールの National Comorbidity Survey の Web サイトから，「Scales」の「K6−K10 Scales」へと進んでほしい（URL は引用文献を参照）。この Web サイトは世界的な質問紙を知る機会も提供してくれる。

　なお今後，読者の研究において，何らかの質問紙をまとめるなどして独自の用紙を作る場合（著作権に注意！），回答者の目線の動きを想像して誘導することが大切となる。K10 では，教示の一部のアンダーライ

記入日：西暦_____年___月___日

```
┌─────────────────────────────┬──────────────────────────┐
│                             │  対象者 ID:              │
│        K10+                 │  └─┴─┴─┴─┴─┴─┴─┴─┴─┴─┴─┘ │
│                             ├──────────────────────────┤
│                             │  姓:                     │
│ 調査場所: _____  │                          │
│                             ├──────────────────────────┤
│ 調査場所 ID:                │  名:                     │
│  └─┴─┴─┴─┴─┴─┴─┴─┘          │                          │
│                             ├──────────────────────────┤
│                             │  生年月日:      性別:    │
│                             │  西暦_____年   男性 □1  女性 □2 │
│                             │  ___月___日              │
│                             ├──────────────────────────┤
│                             │  住所:                   │
└─────────────────────────────┴──────────────────────────┘
```

次の質問では、**過去30日**の間、あなたがどのように感じていたかについておたずねします。それぞれの質問に対して、そういう気持ちをどれくらいの頻度で感じていたか、一番当てはまる番号に〇を付けてください。

問1. 過去30日の間にどれくらいしばしば…	いつも	たいてい	ときどき	少しだけ	全くない
a. 理由もなく疲れきったように感じましたか	1	2	3	4	5
b. 神経過敏に感じましたか	1	2	3	4	5
c. どうしても落ち着けないくらいに、神経過敏に感じましたか	1	2	3	4	5
d. 絶望的だと感じましたか	1	2	3	4	5
e. そわそわしたり、落ち着きなく感じましたか	1	2	3	4	5
f. じっと座っておれないほど、落ち着きなく感じましたか	1	2	3	4	5
g. ゆううつに感じましたか	1	2	3	4	5
h. 気分が沈みこんで、何が起こっても気が晴れないように感じましたか	1	2	3	4	5
i. 何をするのも骨折りだと感じましたか	1	2	3	4	5
j. 自分は価値のない人間だと感じましたか	1	2	3	4	5

図5-1　K10（古川ほか，2003）
　　　　Web公開中のpdfデータより転載

ンは強調であり，項目の白とグレーの互い違いは記入欄の誤りを防ぐ工夫である。

（4）歴史と理論

　この技法の原型は19世紀中頃には存在していた。ただし，現代の質問紙の祖は，1919年，ウッドワース（Woodworth, R.S.）による Woodworth Psychoneurotic Inventory とされる。そこから100年の間に，心理学の展開と社会の要請が無数の検査を作ってきた。新たな概念・理論が新たな質問紙を生み，ある構成概念を捉えようと複数の質問紙が開発され，それらの成果が新しい概念・理論をもたらした。換言すれば，実証主義に影響を受けつつ，心理学の発展の主要部分を質問紙法が担ってきたのである。

　質問紙はその性質上，統計学の発展に影響を受けてきて，現在も統計学に多くを拠っている。統計学（statistics）はラテン語の statisticum を語源とし，これは「国家に関するデータの分析」の原義がある。これより，統計に対して過度のアレルギー反応を示す者たちの心性を部分的に説明できるかもしれない。つまり，前景に数値を据えた考究に対する（感情的）反応とは，権威への抵抗である，と。いや，確かに今日，統計学的な物言いは目立ち，心を安易に数値化する動きがあり，数値を使った暴力は蔓延っている。統計学を批判することは容易い。しかし，質問紙を使う以上，世界の見方の1つとして基本は理解していたい。でなければ，数値（権威）をもって示された事柄を，われわれは常に鵜呑みにしてしまう。統計学を，思考の過程と節度を確保する指針と考えておく。

　質問紙が基づく理論は多種多様である。例えば，NEO-PI-R 人格検査（下仲，2011）は特性論研究の成果をまとめた5因子モデル（five-factor model）に，BIS/BAS 尺度（高橋ら，2007）は動機づけとその制御の気質に着目した気質モデル（temperament model）に，感情神経科学パーソナリティ尺度（成田，2017）は基本情動システム（core emotional system）に依拠しており，またこれらをターゲットにしている。このように，1つの質問紙には固有の哲学がある。

（5）分類

　心理アセスメントで使用される質問紙の分類法については，これまで適切と思えるものがないようだ。そこで本章では，便宜上，①特性論に基づくもの，②特性論＋類型論に基づくもの，③臨床事態を捉えるもの，に分けて考えたい。

　①は，人格を構成する何らかの単位を捉えようとする一連の質問から成り，回答結果をまとめて Cl の諸特性を理解しようする。②は，特性論に基づき捉えた結果から，代表的なタイプ像をもって Cl を理解しようとする。③は，特性論と似た形で臨床的状態像を捉える一連の質問から Cl の事態・状態を把握しようとするもので，さらに類型論と似た形で医学的状態像に該当する程度を理解しようとするものがある。

　質問紙は数えきれないほど存在する。それらを広範囲に紹介している書籍もあるので（氏原ら，2006など），必要に応じて参照されたい。

3. 代表的な質問紙

　Cl が自ら回答する自己記入式の質問紙には，どのようなものがあるのか。現場での使用頻度の調査では（小川，2011），質問紙は，TEG（5位），YG 性格検査（11位），SDS（14位），MMPI（18位），CMI（20位）が TOP20 に入っている。SDS（後の表5-1を参照）と CMI

（Cornell Medical Index）を除く３つをここで順に紹介する。

　質問紙法修得では個別の理論と用語（記号や尺度や類型の意味）を理解しておく必要がある。質問紙Aで使われる構成概念Xが，質問紙BでのXと同一であるとは限らない。本章はこの点に深入りせず，尺度の意味などは英語併記で理解を助けるに留めた。また，通常の学修は手引書を精読しつつ，自らの回答結果を吟味することから始めることになろう。その際は，国内外の研究論文も参照してほしい。

（1）新版 TEG II（新版　東大式エゴグラム Ver. II）

　交流分析の理論に基づく質問紙である。最初の日本語初版を改訂し，再標準化（2006年）を経たものが，現在使用されている（東京大学医学部心療内科 TEG 研究会，2006）。本章の質問紙の分類では②に当たる。

　概要　質問は55項目，回答は３件法，所要時間は10〜15分程度，対象年齢は15歳以上。回答は CP（Critical Parent）・NP（Nurturing Parent）・A（Adult）・FC（Free Child）・AC（Adapted Child）の５尺度にまとめた後，エゴグラム（５尺度の棒グラフ）を作成する。さらに個人のパーソナリティを大まかには６パターン，細かくは29パターンにも分類できる。本質問紙には，回答態度の信頼できるかどうか捉える妥当性尺度（Low Frequency Scale）もある。

　解釈　エゴグラムとは「ego＝自我／わたし」+「gram＝書かれたもの」の意で，自我の特徴を図で示すものである。結果は Cl と共有しやすく，特に人間関係や自己役割などはエゴグラムを見ながら，Cl と Th が共同で解釈作業を行う形にもできる。

（2）YG 性格検査（矢田部ギルフォード性格検査）

　米国のギルフォード（Guilford, J.P.）の特性論的検査モデルを，

矢田部達郎がリードして日本語版を作成し，後に辻岡美延らが体系化（1982年）した質問紙である（辻岡，2000）。これも分類②の質問紙である。

概要　質問は120項目，回答は３件法，所要時間は30分程度，対象年齢は小学２年生以上（年齢で４種の用紙を使い分ける）。回答はD（Depression）・C（Cyclic Tendency）・I（Inferiority Feelings）・N（Nervousness）・O（Lack of Objectivity）・Co（Lack of Cooperativeness）・Ag（Lack of Agreeableness）・G（General Activity）・R（Rhathymia）・T（Thinking Extraversion）・A（Ascendance）・S（Social Extraversion）の計12の尺度にまとめる。さらに尺度の得点をプロフィールに移して図（尺度得点から作る線グラフ）とし，系統値を算出した後に類型化する。パーソナリティの類型（type）にはA型（Average）・B型（Black List）・C型（Calm）・D型（Director）・E型（Eccentric）の５つの典型と，いくつかの準型および混合型がある。

解釈　結果は尺度レヴェル（各尺度が高いか低いか）・因子レヴェル（６つの因子があるが紹介は割愛）・類型レヴェル（各類型のパーソナリティ特徴は手引書にまとめられている）から検討し，最後に１つの人物像として考察をまとめる。尺度の数が12であるために，解釈は TEG II よりも複雑だが，伝統ある質問紙のために先行研究は多く，教育領域・産業領域の知見も豊富なので参考にできる。

（3）MMPI（ミネソタ多面的人格目録）

　ミネソタ大学の研究者らが1930年代から開発に着手し，日本では様々な版が作られた。1993年の成果が現在の標準版である（MMPI新日本版研究会，1993）。英語圏では活用頻度の高い質問紙で，発表論文数も多く，改訂版の MMPI-2 がしばしば使われる——日本の標準版は第1

版邦訳である。本章の分類では③に該当する。

概要　質問は550項目，回答は２件法（「どちらとも言えない」が例外的な第３選択肢としてある），所要時間は60分程度で，対象年齢は15歳以上。回答は４つの妥当性尺度と10の臨床尺度，そしていくつかの特殊尺度にまとめる（尺度は scale の訳）。妥当性尺度には，？（Cannot say）・L（Lie）・F（Frequency）・K（Correction）があり，臨床尺度には第１（Hypochondriasis：Hs）・第２（Depression：D）・第３（Hysteria：Hy）・第４（Psychopathic deviate：Pd）・第５（Masculinity–Femininity：Mf）・第６（Paranoia：Pa）・第７（Psychasthenia：Pt）・第８（Schizophrenic：Sc）・第９（Hypomania：Ma）・第０（Social introversion：Si）がある。尺度の得点を標準化データに基づき一部修正した後，プロフィールとして図示する。

解釈　MMPI の質問項目は特性論的観点ではなく，特定の臨床群と統制群との比較から作られたことに留意する。したがって，記されている質問文がそのまま心理的意味を映し出しているわけではない。解釈はプロフィール全体のパターンを捉えた後，計算式に基づきつつ，高得点の尺度と指標を中心に吟味していく。

4．背景を学ぶことと責任

　膨大な質問紙が存在する中，使用するものを選択し，時に組み合わせ，得られた結果を理解するというステップがある。しばしば初学者（だけではない）が使用の根拠として，「研究でよく使われているから」「尺度本に載っていたから」「カットオフ値を超えているから」と葛藤なく口にする場面に筆者は幾度も遭遇した。基礎的な部分がなおざりにされていると思えた。質問紙を使って人を理解しようとすることが専門的

行為であるにも拘わらず，そこに付随する責任感が希薄化してはいない
だろうか。こうした問題意識より，この技法群の理論的背景を実践的見
地から眺める機会を設けたい。

（1）どうして≪それ≫を選ぶのか

　どの質問紙を使うかを考えるために，例として，「うつ／抑うつ」に
関わる主だった質問紙を表5-1に整理した——参考として挙げた
HAM-D と MADRS は，面接者が記入する観察者記入式。なお，例えば
YG 性格検査や MMPI の実施から「D尺度」結果に注目するという方法
を，あるいは非常に例外的ではあるが，両質問紙の「D尺度」を構成す
る項目のみを実施するといった方法を採るならば，さらに多くの質問紙
をこの表に加えることができる。基礎の部分で記した分類法に従えば，
これらは①と③の質問紙となる。

　表5-1は日本語版の説明である。開発年（最終的に信頼性＆妥当性
が検証された，あるいは標準化された年），市販の有無（専門家向けに
販売しているか），対象年齢，項目数，目的（特性の程度を捉えるもの
か，スクリーニングとして使用するか），因子（この特性をさらに詳細
な因子に分けているか），原版（海外産か日本産か）が理解できるよう
にした。これにより，各質問紙の入手のしやすさ，コスト，導入目的，
回答に伴う負担，知見の集積の程度，海外文献が参考可能かどうか，な
どがいくらか想像できる。医療現場と研究で使用されやすい質問紙を多
く挙げることになったが，ともかくこのように，ある構成概念の周囲に
は多様な質問紙が存在し，それらの質も様々である。

　しかし，この程度の情報では使用する質問紙を選択することはできな
い。少なくとも専門家の倫理感がそれを許さないだろう。実際に使用す
るとなると，原版と日本語版がどのような形で作られ，検証され，また

表5-1　「うつ／抑うつ」に関する日本語版質問紙のリスト

質問紙 (略記)	開発年	市販	診療報酬	対象年齢	項目数	目的 程度	目的 抽出	因子	原版 海外	原版 日本
SDS	1983	✔	✔	青年〜	20	✔	(✔)		✔	
CES-D	1985	✔	✔	15〜	20		✔		✔	
DRP	1990			?	19	✔				✔
QIDS-SR-J	1993	✔		?	16	✔				
BDI-II	2003	✔		13〜80	21	✔	(✔)		✔	
SRQ-D II	2007	✔		18〜	15		✔			✔
PHQ-9	2007			?	7		✔		✔	
GDS-15-J	2017	✔		?	15		✔		✔	
GSD	2012 ?	✔		18〜	30	(✔)	✔	✔	✔	
HAM-D	2003	✔	✔	?	21 (17)	(✔)	✔		✔	
MADRS	2004	✔		?	10		✔		✔	

本表は日本語版の資料に基づいて作成した（文献引用は省略）。質問紙の正式名称は以下の通り。SDS（Self-rating Depression Scale）＝自己評価式抑うつ性尺度，CES-D（The Center for Epidemiologic Studies Depression Scale）＝うつ病（抑うつ状態）自己評価尺度，QIDS-SR-J（Quick Inventory of Depressive Symptomatology: Self-Report）＝自己記入式簡易抑うつ症状尺度，DRP（Depression Related Personality Trait Scale）＝うつ病親和性性格傾向尺度，BDI-II（Beck Depression Inventory-Second Edition）＝ベック抑うつ質問票，SRQ-D II（Self Rating Questionnaire for Depression Second Edition），PHQ-9（Patient Health Questionnaire-9），GDS-15-J（Geriatric Depression Scale-15-Japanese）＝老年期うつ検査-15-日本版，GSD（Global Scale for Depression）＝グルーバルうつ病評価尺度，HAM-D（Hamilton Depression Scale）＝ハミルトンうつ病評価尺度，MADRS（Montgomery-Asberg Depression Rating Scale）＝Montgomery-Asberg うつ病評価尺度。

標準化されたのかを調べる必要がある。その際は，オリジナルな仕事で必ず記されているはずの対象者の数や属性，分析手法も批判的に見ていく。さらに，その後の研究と実践を通じて挙げられたメリットとデメリットも押さえる。こうした準備を経ることで，個々の質問紙の特徴が分かる。つまり，あまりに研究志向で自分の支援実践では活用しにくいもの，伝統的で研究知見は豊富だが基準が古く改訂を経ていないもの，原

74

版には惹かれるが日本語版標準化の作業が甘くて使用を諦めざるをえないもの，基盤とする理論に同意できないもの，などが弁別できてくる。

　質問紙の粗探しが目的なのではない。これらは全て質問紙を選択するプロセスにおいて不可避の作業である。ある質問紙を人に実施する時，その責任は質問紙の開発者にも研究者にも，その検査を薦めた同僚にもなく，常に実施する Th（あるいは研究者）にある。「信頼性と妥当性が検証されている」，「標準化がなされている」との言は，Th のこの責任を何ら軽減してくれはしない。

（2）質問紙の作成と維持

　１つの質問紙がどのように市民権を得ていくかを，CCAPS（Counseling Center Assessment of Psychological Symptoms）を例に理解しておこう。CCAPS は米国の大学カウンセリングセンター（≒日本の学生相談室）における臨床・研究・管理上のニーズから作られた多次元的評価尺度である。開発者らは，まず2000年に扱う概念を検討，2001年にパイロットスタディー，2004年に約8,000名の臨床事例で調査をし，2009年に２万名超えのデータより CCAPS–62 と CCAPS–34 を開発した（62と34は項目数）。その後も改訂を経て，2018年には39万名のデータから基準を見直している。CCAPS はペンシルベニア州立大学の Center for Collegiate Mental Health（2018）が管理・主導しており，マニュアルも整備されていて，登録（有料）すれば多くの情報や集計システムを活用できる。日本版は現在，「Translation Policy」に従い2,700名のデータから開発中であるという（堀田，2018）。

　CCAPS の理論面には立ち入らない。これを紹介したのは，１つの質問紙を制作する過程を，また，改訂を重ねて基準をフレッシュに保ち，高い精度でユーザーたちを納得させ，実践に貢献し続けることの背景を

想像してほしいためである（この実行には忍耐と政治力なども要する）。ある質問紙が実践・調査で活用される限り，こうした努力を専門家側は行い続ける必要がある。見方を変えると，質問紙を使用する臨床畑の専門家でも，研究への眼差しを持たねばならないことを，上の例は教える。質問紙法の実践に関わる者はすべからく，「研究はワタシには関係ない」などと口にはできないのであって，研究への眼差しの欠落は，専門家の独り善がりを暗示するかもしれない。そして，１つの質問紙の成立には，研究者たちの努力，さらに臨床群・非臨床群の方々の協力があることも分かるはずである——敬意をもった批判が歓迎されるべきである。

（３）結果を≪どのように≫理解するか

　次は，質問紙結果の理解について，カットオフ値を持つ自閉症スペクトラム指数・成人用（Autism-Spectrum Quotient : AQ）を使って考える。AQ は2001年に英国で開発，若林（2016）が日本語版を作成したもので，得点範囲は０〜50である。以下は日本語版の開発結果を参考に，説明には自閉スペクトラム症（Autism Spectrum Disorder : ASD）の語を用いる。また，自明ではあるが，AQ 結果からだけで ASD に関する判断を行うことなどあり得ないことも前提とする。

　AQ のカットオフ値の設定は33点である。カットオフ値とは検査結果の陽性と陰性を便宜上分ける値，AQ の場合は回答者が ASD であるか否かを確率的に弁別しようとする値である。日本版標準化データから，AQ の33点以上は ASD 群では88％，統制群では３％を含むことになった。マニュアルを読む限り，カットオフ値のこの設定は妥当である。しかし，33点以上であっても，ASD 群で12％の偽陰性を，統制群で３％の偽陽性を生む計算になることは心に留めておくべきであろう。そし

て，大学生統制群の基礎データを見ると，平均値は20.7点で標準偏差は6.38である。

　AQ のようなスクリーニングを狙った質問紙で，カットオフ値だけを学ぶ者がいる。しかし，上述したような背景に通じていなければ，「AQで33点」という結果を実際に理解することはできない。また，ある大学生が「27点」（カットオフ値から僅か6点低いだけで，平均＋1SD の値）である時，これがどれほど高いのかも判断することはできない。こうした注意書きは，大抵のマニュアルに記されている。それでも，スクリーニングという行為を当の質問紙の背景抜きに行っていないかどうか，専門家は自らを省みる必要があろう。

（4）実施する文脈

　さらに AQ を使って，実施する場を考慮する意味を考えたい。米国のASD の有病率は1 ％程度とされる（American Psychiatric Association, 2013／2014）。実際のアセスメントで AQ を使って，大規模母集団からASD を抽出することなど考えられず，臨床場面では，本人の意思か周囲の人の促しで，ある機関に訪れた人が実施の対象となろう。そのため，例えば「発達障害」を専門とする医師のいる医療機関や，「発達障害」児／者支援を行っている公的機関には，他の機関に比べ，ASD らしさを抱えた人が多く訪れると予想できる。したがって，こうした機関では AQ で33点以上の方と会う頻度は高いと考量される。

　問題は，自らがアセスメントを行っている場がどういった特徴を有しているのかを考慮しているか否かである。つまり，ASD の方々と頻繁に出会うことで，Th には経験が蓄積される。支援において有益に働くこの経験は，功罪の両面をもつ確証バイアスである。ASD の方々と頻繁に会うことで，AQ の結果「33点以上」から無反省に ASD を想定し

てはいないか，結果「30点」であっても ASD を疑う癖がついていない
か，あるいは，結果「33点」を軽く見積もることになっていないかなど
を，専門家は自己点検すべきであろう。逆に，ASD の方々との出会い
が少なければ，そのことが AQ 得点の意味を判断する専門家の文脈とな
る。

5.　質問紙とこれから

　上で，質問紙は可能な限り更新・検証され続ける必要があると述べ
た。集合的な経験が，個別の理解を助けるからである。しかし，この課
題は解決が難しい。今後の学問発展により質問紙のいくつかが淘汰され
ようとも，この課題は社会変化と同期して繰り返し浮上する。近年の質
問紙は，どちらかと言えば，医療がリードしてきた。日本語版開発者に
医師の名が多く並ぶことには，おそらく診療報酬（第11章を参照）とい
う社会システムも関係している。しかし，各質問紙の継続的洗練化は，
医療従事者に限らず多くの専門家集団の努力を必要とする。公認心理師
は国民に資する専門家として，質問紙の質の確保・向上にも寄与できる
だろう。将来，職業集団が省庁や自治体などと目標を同じくし，密に連
携して質問紙の改訂・発展を試みる動きが出てくるかもしれない。読者
が取り組む卒業研究も，もちろん，この点に貢献する1つの仕事になる
と考えてほしい。

　さらに，質問紙の理論を学び，他者に対して実施（調査）し，その個
別・集団の結果を分析・解釈する行為は，科学者—実践家モデルに基づ
く見方を育てる。これは座学の実用化だけを意味してはいない。過度の
観念化を抑制し，思考の誤謬を自覚させ，仮説の重要性を再認識させ，
相関関係を読み取る作法を体得することでもある。つまり，質問紙の修

78

得は現実を冷静に見つめ吟味する目を養うことになる。

　質問紙法は量的な議論を促進させる。これが質問紙の最大の強みである。しかし質問紙法は，あまりに頻繁に用いられ，どこか親しみもあるために，乱用のリスクを常に有している。このリスクに陥る可能性を自覚しているか否かが，専門家と非専門家との分かれ目かもしれない。例えば，ある質問紙の「5点」とはそれ以上でも以下でもない。その意味を考えるのは，背景・理論を踏まえた専門家であり，専門家の主観以外にはありえない。数値は，それが極めて具体的であるが故に，人を大いに惑わせることがある――が，数値に罪はない。質問紙法は≪数≫という姿で人の心を伝えようとするものなのであって，その≪数≫は人の心ではない，と改めて銘記しておきたい。責任感と専門性をもって質問紙法を活用することで，はじめてその≪数≫はCIの≪声≫としてThに届き，また意味をもってくるのである。

引用文献

American Psychiatric Association（2013）．*Diagnostic and Statistical Manual of Mental Disorders, Fifth Edition*．Arlington, VA：American Psychiatric Association．日本精神神経学会（監修）『DSM-5――精神疾患の診断・統計マニュアル』（医学書院，2014）

Center for Collegiate Mental Health（2018）．*CCAPS 2018 Manual*（*CCAPS-62 and CCAPS-34*）．Pennsylvania：Counseling and Psychological Services, Pennsylvania State University.

古川壽亮・大野裕・宇田英典ほか『一般人口中の精神疾患の簡便なスクリーニングに関する研究．平成14年度厚生労働科学研究費補助金（厚生労働科学研究特別研究事業）総括・分担研究報告書』（2003）

堀田亮「私信　CCAPS に関する情報提供」（2018年10月18日）

金児暁嗣「質問紙法」氏原寛ほか（編）『心理臨床大辞典　改訂版』pp.492-495（培風館，2004）

MMPI 新日本研究会（編）『新日本版 MMPI マニュアル』（三京房，1993）

成田慶一・八田太一・平尾和之ほか「Affective Neuroscience Personality Scale 日本語版の信頼性および妥当性の検討——感情神経科学に基づいたパーソナリティへのアプローチ」『臨床心理学』第17巻5号，pp.691-702（2017）

National Comorbidity Survey（https://www.hcp.med.harvard.edu/ncs/index.php）

小川俊樹『心理臨床に必要な心理査定教育に関する調査研究　第1回日本臨床心理士養成大学院協議会研究助成　研究成果報告書』（2011）

下仲純子・中里克治・権藤恭之ほか『NEO-PI-R/NEO-FFI 共通マニュアル——ビッグ5人格検査　改訂増補版』（東京心理，2011）

高橋雄介・山形伸二・木島伸彦ほか「Gray の気質モデル——BIS/BAS 尺度日本語版の作成と双生児法による行動遺伝学的検討」『パーソナリティ研究』第15巻3号，pp.276-289（2007）

東京大学医学部心療内科 TEG 研究会『新版 TEG II——解説とエゴグラム・パターン』（金子書房，2006）

辻岡美延『新性格検査法——YG 性格検査　応用・研究手引』（日本心理テスト研究所株式会社，2000）

氏原寛ほか（編）『心理査定実践ハンドブック』（創元社，2006）

若林明雄（構成）『AQ 日本語版　成人用使用手引』（三京房，2016）

参考文献

Center for Collegiate Mental Health（http://ccmh.psu.edu/）

Franklin, J.（2015）. *The Science of Conjecture, 2015 edition*. Baltimore : Johns Hopkins University Press.　南条郁子訳『「蓋然性」の探求』（みすず書房，2018）

Gould, S. J.（1996）. *The Mismeasure of Man, revised and expanded edition*. New York : W.W. Norton.　鈴木善次ほか訳『人間の測りまちがい』（河出書房，2008）

南風原朝和ほか編『心理学研究法入門』（東京大学出版会，2001）

斎藤清二『医療におけるナラティヴとエビデンス　改訂版』（遠見書房，2016）

Wauchope, O.S. (1948). *Deviation into Sense : The Nature of Explanation.* London : Faber & Faber. 深瀬基寛訳『ものの考え方——合理性への逸脱』（講談社，1984）

学習課題

1．質問紙法のメリットとデメリットを考えてみよう。

2．K10 に自分で回答し，結果を解釈してみよう（ただし，慎重に！）。

3．質問紙を１つ選んで調べ，その理論と限界点を整理してみよう。

6 │ 心理検査によるアセスメント⑶ 発達検査

│ 永田雅子

《**学習目標**》 乳幼児や児童等の発達をとらえるために発達検査が実施される
ことがある。ここでは代表的な発達検査とその理論的背景を紹介する。
《**キーワード**》 発達検査

1. 子どもの発達をアセスメントする

(1) アセスメントの目的と意義

　子どもの発達をアセスメントするということは，その子の現在の発達
の状況を的確に把握することで，子どもの示す行動や状態を理解し，
今，必要で適切な支援につなげていくことを目的としたものである。特
に乳幼児期は，発達の個人差が大きく，その後の発達の予測をしていく
ことが難しいことが少なくない。また，発達の途上であり，周囲とのか
かわりによって，発達の様相が大きく変わってくることもある。子ども
の発達をアセスメントするときは，その子の今，持っている最大限の能
力を引き出して評価するとともに，周囲の環境の影響も加味して検討を
していかなければならない。

(2) 発達検査の適応

　3歳未満で，まだ言語での理解ややりとりが不十分な乳幼児の場合，

知能という側面より，運動機能を含めた全体的な発達をとらえる発達検査が採用されることが多い。また，全体的に発達がゆっくりで，椅子に着席したり，言語でのやりとりで，指示された内容を理解して取り組むことが難しい子どもを対象とする場合も，発達検査が採用されることが少なくない。

　発達検査には，主に養育者からの聴取により把握する間接検査法と，実際に子どもに実施する直接検査法の2種類存在する。まずは間接検査法と直接検査法の特徴とそのメリット・デメリットを取り上げる。

2. 検査法の種類

（1）間接検査法

　間接検査法は，主たる養育者に回答をしてもらうことで，子どもの全体の発達をとらえようとするものである。日常の生活の様子や，やり取りの力などを把握することが可能で，厳密に評価を行えば，発達の特徴をとらえると同時に，養育環境についても広く情報を得ることができる。質問紙形式であることが多く，養育者に渡して記入をしてもらうことができるものもあるが，養育者の自己記入式で行うと，できないと思われる項目をできると回答したり，日常の生活で目にする機会がないために，できることもできないと回答したりすることもあり，正確に子どもの発達の状況を把握できないというデメリットが存在する。間接検査法を実施する場合においても，子どもの様子を観察しながら実施するのが望ましいであろう。

　間接検査法のメリットは，全般的状況が把握でき，特別な設備や用具は必要がないために，短時間でいつでもどこでも実施できるということである。間接検査法の代表的なものには津守・稲毛式乳幼児精神発達検

査，遠城寺式乳幼児分析的発達検査がある。

（2）直接検査法

　子ども自身が検査に取り組む直接検査法は，直接子どもの状態をみて評価することが可能となる。どの子どもに対しても同じ条件，同じ課題に取り組んでもらうことで，よりその子どもの特徴を客観的にとらえることができる。特に，検査は，いくつかの道具を使って，直接検査者とやり取りをして取り組むことになるため，その子どもの新しい状況への適応の仕方，道具の扱い方など，幅広い情報を行動観察から得ることができる。子どもの反応の仕方，課題への取り組み方も検討することで，具体的な支援の方針をたてることも可能となっていくという側面がある。一方で，検査自体の項目の中に，生活自立など日常生活での状態をとらえる項目は入っておらず，全体的な発達の状況を把握することができないというデメリットが存在する。また，検査を実施するためには，子どもが検査に集中できるような環境の整備が必要であり，おもちゃなどの刺激が少ない個室で，子どもの体格にあわせた机と椅子を準備するなど，検査をする場所を事前に整備しなくてはならない。また子どもに実際に取り組んでもらうものとなるため，発達年齢が低かったりする場合は，なかなか検査に取り組むことができなかったり，長時間の検査となると子どもに負担をかけることもあるため，どの子どもにも適用できるわけではない。一方で間接検査法に比べて親の評価に左右されることなく，実際の目の前の子どもの姿から多くの情報を得ることが可能である。また検査を実施する際，子どもの課題への取り組みを母親と一緒に観察しながら行うことによって，子どもの反応パターンや発達の理解を親に促すことができるというメリットがある。子ども自身に実際に行うものであり，上手に検査にのせることができれば，全体的な発達につい

ての客観的な情報を得ることができる一方で，検査を実施できるかどうかは，知能水準には関係なく，個人差や，情緒的な反応等によることが大きい。

　直接検査法の代表的なものには，新版Ｋ式発達検査2001，日本版デンバー式スクリーニング発達検査などがある。国際的にはBayley-Ⅲ乳幼児発達検査が使われていることが多いが，2020年現在日本では標準化作業中であり，未発刊である。

　それでは，発達検査について代表的なものについて解説をしていく。

3.　間接検査法の種類

（1）津守・稲毛式乳幼児精神発達検査

　この検査は，日常生活でよく見られる子どもの行動項目からなる質問紙を養育者に聴取することで，発達の状況をとらえるものである。対象者は子どもの生活に親しく触れている人であれば親以外でも可能とされており，日常生活の様子を確認することで，全般的な子どもの姿を把握することができるものとなっている。また特別な道具や設備を使用しない。質問紙は１〜12カ月まで，１〜３歳まで，３〜７歳までの３種類に分かれており，１カ月〜12カ月，１歳〜３歳児用については1961年に標準化されている。50年以上前に作成された検査法であり，排泄の自立や食事などの一部の検査項目は，子どもを取り巻く環境などの変化により，通過率が変わってきており，その解釈には注意が必要である。特に３〜７歳は，標準化をされていないこと，経験による差が大きく，子どもをとりまく社会状況が変わってきているため，参考程度に使用するにとどめるとよい。項目は，各月齢段階で，約60％の通過率で配当月齢が設定されており，おおよその発達状況を項目から把握することができ

る。全体の発達年齢（DA）の算出にとどまらず，「運動」「探索・操作」「社会」「生活」「言語・理解」など5領域ごとの発達年齢（DA）を算出することができ，発達プロフィールを得ることができる。かつては，発達指数（DQ）が算出されていたが，1995年以降，DQの算出は廃止された。

　プロフィールにより全般的な遅れや，運動発達遅滞，言語発達遅滞，自閉スペクトラム症が疑われるなど，発達の特徴を把握することが可能で，全般的に発達の遅れの認められる子どもは，全領域で低い発達年齢が認められ，運動発達遅滞の子どもは，運動領域の落ち込みが，言語発

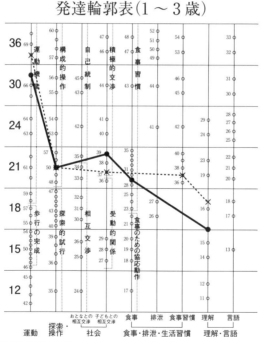

図6-1　自閉症児のプロフィール図（2歳4カ月一，　3歳0カ月…）

達遅滞の子どもは，言語領域の落ち込みが見られる。一方で，自閉スペクトラム症が疑われる子どもは，運動領域の発達は年齢相応であるものの，言語・社会領域での落ち込みが見られやすいなど，一定のプロフィールパターンを示すことがわかっている。一方で，各領域の項目は，相互に関連が見られ，「探索・操作」の領域の項目は，微細運動と，社会性の発達が土台となる象徴機能の項目が含まれているため，不器用さや，社会性の発達の遅れが反映される。また，「生活」領域においても，身辺自立の項目には，微細運動や，周囲の人の行動の真似を土台とするものも含まれるため，他の領域での発達の遅れが影響していることも少なくない。各領域のプロフィールの分析にとどまらず，それぞれの項目がどういった発達を土台にしているのかということを十分吟味したうえで，結果を解釈することが求められる。

（2）遠城寺式乳幼児分析的発達検査

　この検査は項目数が少なく，項目別に，短時間で測定できること，プロフィールとして示すことで，その発達状況を分析的に評価できるという特徴を有している。1960年に発表され，1977年に改訂された簡易式の発達のスクリーニング検査で，「運動」（移動運動・手の運動），「社会性」（基本的習慣・対人関係），「理解・言語」（発語・言語理解）の3領域，6項目の発達の状況が測定できる。0歳0カ月より4歳8カ月までが対象となる。

　実施方法は，グラフ欄の暦年齢線上に年齢相当位置をプロットし，被検査児の暦年齢相当の問題から開始する。事前に発達の遅れがあることが疑われる場合には，発達の状況にあった年齢の項目から開始をするとよい。すべての領域・項目についてプロットが終了した後，各項目のプロットを結び，プロフィール表を完成させる。暦年齢よりもプロフィー

ルで描いた線が上に位置していれば，発達が同年代の子どもよりも早く，下に位置していれば，発達の遅れが示唆される。またプロフィールの描き方によって発達のアンバランスさも把握が可能となる。

　10分ほどで簡易に実施でき，スクリーニングに最適とされているもので，間接検査法の一つではあるが，いくつかの項目については実際に子どもに道具を提示してその様子を観察して確認を行う。また同一検査用紙に，実施日の記入欄が4つもうけられており，以前に実施した検査結果と比較して，発達状況を継続的に追っていくことが可能で，プロフィールの変化を追うことができる。検査間隔は乳児では4カ月，それ以降は6〜8カ月おきが適当とされている。1枚の用紙ですべてを記入することができ，全体像を把握することができやすいなどメリットがあるが，項目数が少ない分，発達の経過について習熟したうえで，各項目を関連させながら聴取を行っていくと，よりスムーズに子どもの全体像を把握することができるだろう。

（3）KIDS 乳幼児発達スケール

　1989年と比較的新しく標準化された質問紙式の発達検査である。検査の対象は，0歳1カ月〜6歳11カ月の乳幼児であり，質問紙は対象年齢によって4つのタイプに分けられている。A（0歳1カ月〜0歳11カ月），B（1歳0カ月〜2歳11カ月），C（3歳0カ月〜6歳11カ月：就学児はのぞく），T（0歳1カ月〜6歳11カ月）であり，就学前の児童にたいして実施可能である。記入の方法は，面接者が親あるいは主たる養育者に聴取する，親あるいは養育者に直接記入してもらう，被検査児が通う園等の担任が記入をするといった3通りがある。すべての項目に記載するのが原則だが，心理検査の専門家が実施する場合には，○や×が連続して5問続くときは，それ以降を省略する簡便法を用いることも

できるとされている。所要時間は約15分である。

「運動」「操作」「理解言語」「表出言語」「概念」「対子ども社会性」「対成人社会性」「しつけ」「食事」の9領域のプロフィールを作成することができる。また，換算表で各得点から発達年齢を調べ，発達指数（DQ）＝発達年齢（DA）÷生活年齢（CA）の計算式で，各領域および総合の発達指数を算出できる。項目の＜　＞内の数字が相当月齢を示しているため，実施しながら発達の状況の把握も可能である。なお，発達指数の総合平均値は105となっており，注意が必要である。

各領域の項目数が多く，項目内容はシンプルなものとなっているため，領域ごとに一つ一つ，できるかできないかのみを判断していく形になりやすく，親に子どものできない部分をより意識化させやすい印象がある。

（4）間接検査法による発達検査を実施する時のメリットと注意点

間接検査法による発達検査が選択される場合は，子どもに直接行う検査の実施が難しい場合や，親自身が発達の評価をうけることに抵抗を感じている場合が考えられる。養育者（特に親）からの単なる聴取のみでは，子どもの発達の様相や特徴がとらえきれず，親に子どもの状況を意識してもらうことは難しいため，親の不安を取り除きながら，話の流れの中で「子どもさんのタイプや対応のコツをつかむ」ことを目的として，「簡単なチェックを実施してみましょう」や「普段のお子さんの状況を聞かせてください」と導入することで，より，客観的に発達の状態を把握することが可能となってくる。

間接検査法による検査は，特別な道具や場所が必要ではなく，面接の中で自然な形で実施することが可能であり，多くの時間をかけずに簡便に実施できることから，地域で行われる支援の場でも比較的導入しやす

い。また，質問項目が発達順序にそって構成されているため，次にどんなことができるようになっていくのかが把握しやすく，養育者をはじめ，支援者に発達の見通しやこれからの課題を意識してもらうことが可能である。質問紙といったツールを使うことで，より養育者や支援者との間で，子どもの全体像をとらえたり，発達の状況を理解したりすることができ，支援の方向性が共有しやすくなる。つまり単なる評価の方法ではなく，実施の方法によっては，実施自体が支援につながっていくことを意識しておきたい。

4.　直接検査法の種類

（1）新版Ｋ式発達検査2001

　日本でよく用いられる新版Ｋ式発達検査は，京都児童院(現：京都市児童福祉センター)で1951年に開発され，その後，標準化や改訂が重ねられ，2019年現在は新版Ｋ式発達検査2001が用いられている(その後，新版Ｋ式発達検査2020が刊行されている)。対象は，３カ月未満児～成人までで幅広い年齢に実施することが可能である。検査項目はゲゼル(Gessell, A.)，ビューラー(Buhler, Ch)，ターマン(Terman, LM)など過去の発達理論や発達検査をもとにしており，年齢尺度にそって構成されている。

　結果は，「姿勢・運動（postural–motor, P–M)」，「認知・適応（cognitive–adaptive, C–A)」，「言語・社会（language–social, L–S)」の３領域の発達の把握が可能であり，各領域および全領域の発達年齢（DA）と発達指数（DQ）が算出できる。また，視覚的に把握できるプロフィールを得ることができる。全部で６枚（１～６葉）の検査用紙のいずれかに，通常の発達をしている場合，50%が通過する年齢区分ごとに，３つの領域別に関連した検査項目が横並びになるように配列されている。新

版K式は，構造化された行動観察場面を用いて子どもの発達の諸側面を
とらえるものとなっており，ラポールを十分にとり，子どもが取り組み
やすい課題から実施でき，観察をすることに重点が置かれている。ま
た，道具が子どもの遊び道具のようにつくられており，不安や緊張を感
じずに取り組めるように工夫がされている。

（2）Bayley-Ⅲ 乳幼児発達検査

　一方，海外ではナンシー・ベイリー（Bayley, N.）によって開発され
た Bayley-III 乳幼児発達検査がよく用いられている。「認知」，「言語」，
「運動」，「社会—情動」，「適応行動」の5領域から構成され，領域間の
バランスの比較に重きを置いている。そのため領域ごとの DA は算出さ
れるが DQ は算出されず，全体については DA，DQ ともに算出されな
い。対象年齢は1から42カ月と短いが，検査項目は多岐にわたってお
り，認知側面の検査については，乳幼児の認知心理学の成果を取り入れ
たものとなっている。実施時間は1歳以下は50分，13カ月以上は1時間
半程度である。2019年の段階でまだ日本での標準化が行われている途中
であり，刊行が待たれる。

（3）デンバーⅡ（DENVER Ⅱ）

　乳幼児の発達を見るスクリーニング検査として小児科領域で高く評価
されている検査である。結果に至るまでの経過の中で一番重要な時期を
具体的にとらえることを念頭に置いて構成されており，A4 1枚で発達
の全体像を見渡すことができる。これまでは日本版デンバー式発達スク
リーニング検査改訂版（JDDST-R）がよく使われていたが，2003年に
日本版 DENVER Ⅱ が出版され，こちらが主に使用されるようになって
いる。養育者同席で実施するものであり，「個人—社会」，「微細運動—

適応」，「言語」，「粗大運動」の4つの領域でとらえることができる。その年齢の子どもの何％が通過するのかが一目でわかるものとなっている。

（4）直接検査法による発達検査を実施する時のメリットと注意点

　発達のアセスメントを行う目的は，その子ども自身の発達の特徴や今の発達段階を知ることで，一人一人の子どもの発達と家族にあった援助の方法を見出していくことにある。それぞれの検査は，開発者が発達をどうとらえるかによって構成が異なっているため，どの検査も，事前にマニュアル等を熟読し，どういった目的で，どういった概念で開発された検査なのかを理解すること，また検査の実施に手間取り，検査者の事情で検査時間が長くならないように，十分習熟しておくことが望ましい。また養育者が同席する場合，子どもにヒントを提示したり，手助けをしたりしようとすることが起こりうる。同席で実施する場合は，事前に，「検査者とのやり取りの中で発達を見ていくので，子どもの手助けをしないようにしてください」などと伝えておくとよい。1歳半以降で，椅子に着席できる子どもであれば，同室の場合でも少し離れた席で見守ってもらうとよいだろう。

　検査というある一定の構造化された場面での子どもの行動や，反応パターンは，その子自身の特徴をとらえることができる最良の場となりうる。母子のかかわりの様子，検査時の取り組み方，検査者との距離のとり方，教示の理解の程度，注意集中の様子などを注意深く観察することで様々な情報を得ることができる。その情報と，検査結果を合わせて検討することで，その子の発達や能力の特徴をつかみ，その子にあった支援の方策をたてることが可能となってくる。

5. 乳幼児期の検査のフィードバック

　発達検査を実施することで発達指数や発達年齢などを算出することができるが，得られた指数には必ず測定誤差があり，あくまでも大きな目安である。また乳幼児期の場合は，発達の個人差が大きく経過をフォローしていくことが必要となってくる。特に発達指数などの数値は検査者の意図を離れて思わぬ形で受け止められることも少なくない。子どもが小さければ小さいほど，親の発達に対する不安が強く，数値を伝えることは，より不安を助長してしまうことがある。そのため，いくつかの発達検査では，発達年齢のみ算出を行い，発達指数をあえて出さない方向になってきている。検査を実施し，その結果をフィードバックするときには，何を目的としており，何をどう理解する必要性があるのかということを十分吟味したうえで，慎重に行うべきであることも改めて明記しておきたい。

　また，乳幼児期の場合，１回の検査結果から発達状態は決定されにくく，経時的に発達を追っていくのが望ましい。また，年齢が小さければ小さいほど，急速に発達が伸びることがあり，１回だけの検査結果で評価を行わず，経過を追っていくことが必要となってくる。加齢によって発達が伸びていくものなのか，それとも発達の遅れやアンバランスさがはっきりしてくるものなのか，慎重に経過をフォローしていく必要がある。特に，未熟性が強かったり，体調が不安定であったりする子どもの場合は，加齢にともない，急速に発達が追いついてきたりする場合も存在するので注意が必要である。専門家として，子どものタイプや特徴，発達障害の可能性，成長・発達の見通しを見極め，検査の結果を活用していくことが望まれる。

　検査は評価だけが目的ではなく，検査場面を通して，親に子どもの理

解を促し，支援をしていくという側面がある。特に発達的な遅れや偏りを持つ子どもの場合，育てにくかったり，親が分かりにくいと感じていたりする子どもが多い。フィードバックを行う際には，子どもの積極的な側面を強調しながら，子どもが苦手なことに対して，日常生活に照らし合わせながら共有し，より適切なかかわりができるように説明していくことが必要である。

参考文献

松本真理子・森田美弥子編『心の専門家養成講座③心理アセスメント―心理検査のミニマム・エッセンス』（ナカニシヤ出版，2018）
松下裕・郷間英世編『新版K式発達検査法2001年版　発達のアセスメントと支援』（ナカニシヤ出版，2012）

学習課題

1．子どもの特性によって得られるプロフィールの差がなぜ見られるのか，考えてみよう。
2．各領域の発達にどんな関連が見られるか調べてみよう。

7 | 心理検査によるアセスメント(4) 知能検査

永田雅子

《学習目標》 思考や認知の機能など知的能力をとらえるための心理検査として知能検査がある。ここでは代表的な知能検査とその理論的背景を紹介する。

《キーワード》 知能検査，ウェクスラー法，ビネー法，認知機能検査

-----

1. 知能とは？

　私たちは，身の回りの様々な情報を取り入れ，理解し，表現をすることで，適応的に行動することが可能となる。そうした私たち自身のもっている能力を知能と呼ぶ。「知能（intelligence）」とは，特定の能力ではなく，各個人が目的的，合理的に行動し，自分の環境を能率的に処理する総合的な能力（Wechsler, 1958）として定義されてきた。その知能を測定するものとして知能テストが開発され（表7−1），測定した結果が，日常生活および外界への適応の状況と一定の関連が認められること（図7−1）が明らかになってきたことで，様々な場で活用されている。知能指数（intelligence quotient；IQ）は統計的には正規分布を想定しており，検査によって評定の計算式は異なるため，解釈には注意が必要である。また，かつては，IQ 値によって福祉的な支援の対象が定められていたが，現在は IQ 以外の現実生活の適応という側面が重要な指標とされるようになってきている。特に，知能テストは，知能の一部のみし

表7-1　知能検査開発の歴史

1905　Binet と Simon によりパリ市教育委員の依頼で開発
1916　Terman によりスタンフォード・ビネー知能検査として改訂（IQ が考案）
1937　2000人以上の被験者で標準化（新スタンフォード・ビネー改訂版）
1947　日本で田中ビネー式知能検査作成（日本）
1974　Wechsler 群因子論の流れをくんだ知能検査開発
（WPPSI，WISC，WAIS）
1986　K-ABC 心理教育アセスメントバッテリー発刊

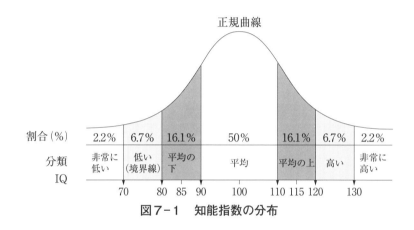

図7-1　知能指数の分布

か測定しておらず，知能テストで測定できるものは「知能」全体ではないという限界を有していることを忘れてはならない。また知能検査の開発上は，年齢とともに変化しないことが期待されているが，発達障害など発達のアンバランスさを有している子どもの場合，検査に対する構え，検査者の意図の理解などが発達してくることで IQ 値が上昇することがある一方，小学校3年生以降，抽象的な能力への移行段階で躓いていたり，不安が強かったりする場合などは，IQ 値が下降することもある。また，低年齢や発達障害児の場合，検査者の熟練度によって試行可

否が異なるなど，その結果の解釈には慎重を要する。

　現在では，知能のとらえ方は，心理測定学に基づいた CHC（キャッテル・ホーン・キャロル）理論が主流となってきている。CHC 理論は，流動性推理（Gf）と，結晶性能力（Gc）理論を打ち立てたキャッテル（Cattell, RB　1941）と，Gf–Gc 理論を拡張し，短期記憶（Gsm），長期記憶・検索（Glr），視覚処理（Gv），処理速度（Gs）を追加したホーン（Horn, JL　1965, 1989）の因子分析的研究に関する包括的調査を実施し，3 段階の能力の層からなる階層理論を構築したキャロル（Carroll, JB　1993, 1997）を統合したものであり，図 7–2 のような知能構造を想定している。

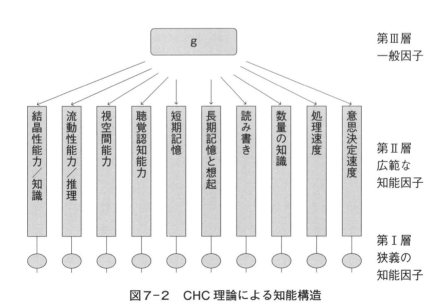

図 7–2　CHC 理論による知能構造

2. 知能検査の種類

　一般的な知能検査は，知能を総体的なものとしてとらえる「ビネー系」と，知能を群因子でとらえる「ウェクスラー系」に大きく分かれる。また厳密には知能検査ではないものの，結果が知能検査と比較的同様に扱われることが多いものに，知能を情報処理の過程としてとらえるK-ABC 心理・教育アセスメントバッテリー（現在は KABC–II）や，言語学習能力を測定する ITPA 言語学習能力診断検査，DN–CAS，人の絵で知能水準を判定する Goodenough 人物画知能検査がある。実施する場合は，単独で実施するのではなく，知能検査を実施することになった背景を考えたうえで，必要に応じていくつかの検査を組み合わせるテストバッテリーが行われることが少なくない。

（1）ビネー式知能検査

　ビネー式知能検査は，1905年にビネー（Binet, A.）とシモン（Simon, Th.）によって開発された。その後，1908年になって MA（精神年齢）が創案され，その子どもが今どの発達段階にあるのかを把握できるようになった。その後，シュテルン（Stern, W.）が IQ（知能指数）の概念を考案し，ターマン（Terman, L.）が開発したスタンフォード・ビネー式知能検査から導入された。ビネー系でこれまで採用されてきたのは相対的 IQ と位置付けられるもので，精神年齢である MA を CA（生活年齢）で割り100をかけることで算出することができる（表7–2）。つまり，相対的 IQ では，年齢段階において平均的な能力に比べてどのくらいの割合のことが可能であるかということを示している。ただし1986年に発刊されたスタンフォード・ビネー知能測定尺度第４版からは，因子構造モデルが採用され，これまでの基本概念である年齢尺度や精神年齢

表7-2　知能指数の計算式

知能指数 IQ : intelligence quotient（田中ビネーV）
$$IQ = \frac{精神年齢（MA）}{生活年齢（CA）} \times 100$$
知能偏差値（Intelligence Standard score ; ISS）（ウェクスラー系）
$$DIQ = \frac{10（個人の得点－同年齢集団の平均得点）}{標準偏差} + 50$$

が廃止された。

　日本では鈴木治太郎による鈴木ビネー式知能検査や田中寛一による田中ビネー知能検査などが開発されている。現在もよく使用されているのが田中ビネー知能検査であり，2005年に田中ビネー知能検査Vが発刊された。日本の田中ビネー知能検査は，2歳～13歳までは従来通り精神年齢の概念を残し，知能指数を算出する形をとっており，14歳以上の年齢級では，偏差知能指数（DIQ；表7-2）を算出し，「結晶性領域」「流動性領域」「記憶領域」「論理推理領域」の4因子で分析的に測定するようになっている。

　田中ビネー知能検査は，Vに改訂されたときに0歳～1歳の発達チェック項目が追加された。知能検査としての適用年齢は2歳～成人であり，2歳～13歳までは各年齢級に6-12項目が設定されており，年齢級の課題を何項目通過するかによって相当年齢（精神年齢）を算出する。各年齢で，言語理解，数概念，視空間認知，記憶，状況理解など幅広い能力を測定できるように設定されており，一般知能全般をとらえることを目的とした検査である。知能指数は安定的な指標ではなく，加齢によって変動する可能性があるため，幼児期から児童期は1年，青年期では2年あけて再検査をすることが望ましいとされている。

（２）ウェクスラー式知能検査

　ウェクスラー式知能検査は，1939年にウェクスラー（Wechsler, D.）によって開発された。ウェクスラーは「知能とは，個人が目的的に行動をし，合理的に思考し，かつ効果的に自身を取り巻く外環境を処理する個々の能力の集合能力」と定義し，項目評価によって，知能の構造的特徴を明らかにしようとしている。

　適用年齢により，WAIS（成人用），WISC（児童用），WPPSI（幼児用）の３種類があり，2019年現在，日本ではWAIS–IV（適用年齢：16歳〜89歳），WISC–IV（適用年齢：５歳０カ月〜16歳11カ月），WPPSI–III（適用年齢：２歳６カ月〜７歳３カ月）が利用されている。なお，2022年にWISC–Vが刊行された。いずれの検査も複数の下位検査から構成されており，DIQ（偏差知能指数）を採用している（表7–2）。DIQとは，各年齢群においていずれも平均100，標準偏差15となるように作成してあり，同年齢級の集団内における位置を示す数値である。ビネー系の知能検査が一般知能全般をとらえようとしているものと比して，ウェクスラー式の知能検査は，現在の知能因子構造として優勢であるCHC理論の影響を強く受けている。

　ウェクスラー式の知能検査は，個人における能力の強弱，つまり個人内差を測定することができるように設計されており，各下位検査の評価点を求めるだけではなく，その合成をすることで，全検査IQや指標得点を求めることができる。WISC–IVでは，10種類の基本検査と５つの補助検査からなる集合体で構成されており，４つの指標得点は，言語理解（VCI：情報を集めて概念化したり推理したりする力，状況を判断して適切に表現する力），知覚推理（PRI：いろいろな情報から常識的な判断を見る非言語課題），ワーキングメモリー（WMI：少しの間とどめておいてその情報を利用する力），処理速度（PSI：作業の速さや視覚的

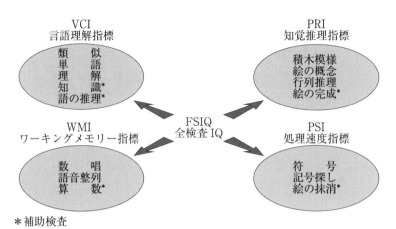

＊補助検査

図7-3 WISC-IV 知能検査の枠組み
　　　（WISC-IV 理論マニュアルより転載）
　　　「©2010 by NCS Pearson, Inc.」および「日本文化科学社より許可を得て転載」

ワーキングメモリー，動機づけ，覚醒水準の維持）から成り立っている（図7-3）。そのほかにも下位検査の中での条件による得点の違いからプロセス得点を算出できる。個別の教育支援につなげるため，発達障害児の特徴としてあらわれやすい流動性能力（推理能力）やワーキングメモリーの測定を強化している一方で，基礎的な学力を示す習得の要因を明確に区別していない，得意な認知処理様式を把握することはできないなどの限界も有している（表7-3）。

（3）そのほかの認知機能検査
① K-ABC 心理・教育アセスメントバッテリー

　1993年に，カウフマン夫妻（Kaufman, A.S. & Kaufman, N.L.）によって，認知心理学や神経心理学をもとにしたルリア理論を土台にして教育的支援の方向性を得ることが可能な検査として開発されたものである。

表7-3　WISC-IV の下位検査およびその概要

指標得点		下位検査項目	内容	関係する主な能力
FSIQ 全検査 IQ	VCI (言語理解)	類似	二つの単語の共通概念	論理的な抽象能力
		単語	単語の意味	言語発達水準・単語に関する知識
		理解	社会的判断と状況理解	実際的知識の表現力，社会的規範の理解
		＊知識	一般常識の質問	一般的な事実についての知識量
		＊語の推理	なぞなぞ	言語的な推理能力／衝動性
	PRI (知覚推理)	積み木模様	見本モデルの再生 空間関係の把握	全体を部分に分解する能力
		絵の概念	視覚情報から 共通項の発見	論理的な分析能力
		行列推理	図形の関連性	論理的・分析的な解決能力
		＊絵の完成	絵の欠落部分の発見	視覚的な認知／視覚的長期記憶
	WMI (ワーキング メモリー)	数唱	数字の順唱・逆唱	聴覚的短期記憶
		語音整列	系列の記憶と並びかえ	注意力，聴覚的ワーキングメモリー
		＊算数	算数問題（暗算で）	文章読解力・計算力
	PSI (処理速度)	符号	対になった記号の再生	視覚的短期記憶／視覚運動協応
		記号探し	見本図形の再認	視覚的短期記憶／視覚運動協応
		＊絵の抹消	絵の発見	複雑な視覚刺激から必要な情報を抽出

＊は補助検査

　また，認知処理過程尺度（情報を認知的に処理して問題を解決する能力）と，習得度尺度（数や言葉など後天的に習得していく力）に分けて測定している。特に，認知処理過程尺度は，提示された聴覚情報や視覚情報などを時間軸に沿って，順番に処理する能力を測定する継次処理尺度と，提示された複数の視覚情報を空間的に統合して処理する能力を測定する同時処理尺度にあわせて，脳の基本機能の3つのブロックのすべてに関連付けられた処理能力の統合を反映する学習能力，ブロック3に関連付けられた高次の意思決定に関する実行機能を反映する計画能力に対応した尺度構成となっている。どういった情報の提示をすれば，子ど

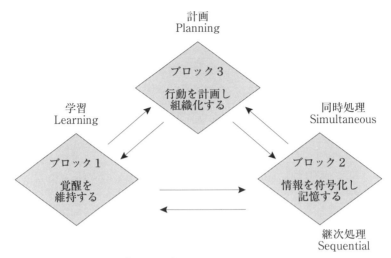

図7-4　カウフマンモデルの図式
　　　　(『日本版 KABC-II　マニュアル』p.10　図1-1をもとに著者改変)

もたちが理解しやすいのかが検討できるようになっている。2013年に
KABC-II が発行されているが，カウフマンモデル（図7-4）の解釈だ
けではなく，CHC 理論に基づく分析，解釈が可能な形がとられてい
る。また，日本では標準化された学習の到達度を把握する検査がないた
め，アメリカ版では廃止された習得度尺度を日本版では残し，学習障害
のうち，「読む・書く・計算する・推論する」を欧米と同様に測定でき
るようにしている。また，適応は，2歳6カ月から18歳11カ月までと延
ばされ，幼児から成人までとらえることができるものとなった。

② ITPA 言語学習能力診断検査

　ITPA はイリノイ大学のカーク（Kirk, S.A.）を中心として開発された
もので，子どもの知的能力を言語学習能力という側面から測定しようと
するものである。個人内差に基づく診断検査であり，オズグット
（Osgood）のコミュニケーション論を土台にして，言語学習能力を，回

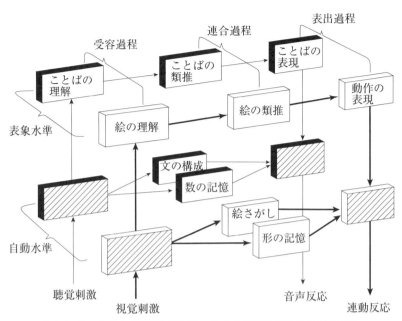

図7-5　ITPA の理論モデル（ITPA 検査手引きより引用）

路・過程・水準の3次元でとらえようとしているものである。表象水準
には，受容過程，連合過程，表出過程の3つを，自動水準には構成能力
と配列記憶能力を測定できるように構成されており，聴覚―音声回路，
視覚―運動回路の2側面からとらえようとしているものである（図7-
5）。検査は3次元から構成される10の下位検査で構成されており，言
語学習指数（PLQ）と評価点（SS）が算出できるようになっている。
適応年齢は3歳0カ月～9歳11カ月であるが，10歳以上の子どもでも粗
点を言語学習年齢（PLA）に換算してプロフィール表示ができる。学習
や言葉の発達の段階をとらえ，治療教育に有用とされていたが現在は販
売終了となっている（検査用紙は2022年まで販売予定）。

3. 検査の実施・解釈に当たって

　検査の実施と解釈には専門資格が必要であり，日本においては，心理学系の学部や大学院を卒業し，適切な訓練を受けている人は，心理学の基礎を身に付け，実施・解釈についての研修を受けているとみなされ，使用が許可されているが，より専門的に活用するには，各検査の発行元が開催している研修会等を受講することが望まれる。また，検査用具（記入済み検査用紙）の機密を守ることが求められるようになり，検査内容がわかるように一般向けに公表することは禁忌とされている。そのため，保護者や学校の教員などの非専門家には具体的な課題や，検査の項目内容を伝えないということがより求められるようになった。また検査報告書を作成する場合は，検査の結果の数値のみを記載するのではなく，被検査者の現実の生活に沿った形で作成し，より結果が生かされるようにフィードバックを行う必要がある。特に，数値が算出された場合，非専門家は，算出された数値の意味を正確に把握することができないために，数価が独り歩きしたり，誤った理解につながってしまったりする可能性がある。そのためフィードバックする際には，相手が検査結果をどう理解するか十分留意して行わなければならない。検査結果はあくまでもその検査が測定しようとする能力のみを測定しており，その人すべてを把握できるものではない。そのため，被検査者の背景情報，検査の取り組みの様子などの観察はもちろん，検査の取り組み方，間違い方，解き方などにも十分注意を払い，複合的に検査結果を理解することが必要である。同じ構造，同じ内容で実施することが求められる構造化された検査だからこそ，たくさんの情報を得ることができ，目の前の被検査者をどう理解し，どういったアプローチがより有効なのか，上手に活用することができればたくさんの手掛かりを得ることができる。

参考文献

上野一彦・宮本信也・柘植雅義編『特別支援教育の理論と実践Ⅰ　概論・アセスメント』（金剛出版，2012）

D.P.フラナガン，A.S.カウフマン，上野一彦（翻訳）『エッセンシャルズ　WISC–IVによる心理アセスメント』（日本文化科学社，2014）

上野一彦・松田修・小林玄・木下智子著『WISC–IVによる発達障害のアセスメント　―代表的な指標パターンの解釈と事例紹介』（日本文化科学社，2015）

藤田和弘，大六一志，山中克夫，前川久男編『日本版WAIS–III の解釈事例と臨床研究』（日本文化科学社，2011）

小野純平，小林玄，原伸生，東原文子，星井純子編『日本版KABC–II による解釈の進め方と実践事例』（丸善出版，2017）

『WISC–IV 知能検査テクニカルレポート』日本文化科学社
https://www.nichibun.co.jp/kensa/technicalreport/

学習課題

1．知能テストが開発された背景を調べてみよう。
2．知能テストを支援に生かすためには，どんなことに焦点をあててアセスメントを組むべきなのか考えてみよう。

8 | 心理検査によるアセスメント⑸ 神経心理学的検査

永田雅子

《**学習目標**》　障害や事故あるいは加齢による脳機能の問題が疑われる場合等に心理検査が用いられることがある。ここでは代表的な神経心理学的検査とその理論を紹介する。

《**キーワード**》　神経心理学的検査，高次脳機能障害，認知症

1．神経心理学的検査の意義

　心理専門職が活動を行う領域は医療・教育・福祉・司法・産業領域と多岐にわたっている。支援を受ける人に，どういった支援が有効なのかをアセスメントしたうえで検討をすることが必要であり，そのためには複合的な視点でとらえていくということが何よりも大事になっていく。アセスメントを行う際は，これまで見てきたように，その人がどのように育ち，どういった体験を経て今があるのか（家族歴や生育歴，病歴を含む），どういった時にどういった対処の方法をとりやすいのか（行動観察や面接などを通した理解），構造化され，標準化された検査を通してその人の特徴を把握すること（心理検査を中心としたもの），またその他の側面での所見（医学的検査や，身体疾患などの要因の検討）を複合的に組み合わせていくことになる。心理検査を選択する場合，その人の抱えている困難さや主訴によって組み合わせる心理検査は異なるが，認知機能に困難さが仮定される場合，知能検査が第一義的に選択され

る。しかし，第7章で述べたように知能検査で測定できるものは知的能
力の一側面にすぎず，時間を要することが多い。そのため，その人の抱
えている困難さによっては，本人に負担がなく，目的にあった神経心理
学的検査をバッテリーとして組むことが求められる。検査法を選択する
場合，比較的短時間（brief）で実施でき，かつ多様な認知機能を詳細
（thorough）に，効率よく（efficient）明確に（specific）測定できるこ
とが求められる（Goldstein, G., 1998）。適格なバッテリーを組むため
には，医学的検査の結果，病状や状態像を十分吟味したうえで，どうい
った検査を選択することが必要なのか，本人に過度に負担がかからず，
詳細に検討をすることができるのはどういった組み合わせなのか十分に
検討する必要がある。
　ここでは特に発達障害，高次脳機能障害や認知症などが疑われる場合
に選択されることの多い記憶や認知機能を測定する検査を中心に解説を
していく。

2.　神経心理学的検査の対象

　神経心理学的検査は医療やリハビリ現場で，高次脳機能障害や認知症
の検査として取り入れられていることが多いが，小児の場合において
も，書きの問題があるなどの場合，視覚機能の成熟度や困難さの程度を
測定するために，バッテリーとして神経心理学的検査が組み合わされ
る。

（1）高次脳機能障害
　脳血管障害や頭部外傷などによって脳が損傷され，言語・思考・記
憶・遂行・学習・注意などの機能が働きにくい状態を指す。そのため，

物の置き場所を忘れる，新しいことが覚えられないといった記憶障害，ミスが多い，二つのことを同時に行うと混乱する，集中できないといった注意障害，計画を立てて実行することができない，自分で判断して行動ができないといった遂行機能障害，興奮したり，暴力をふるう，自己中心的になるといった社会的行動障害を伴うことがある。またその他，言語や動作，認識をうまくできなくなる失語症や失行症，失認症が見られることで，日常生活に支障をきたすことが少なくない。その障害の程度を把握するものとして神経心理学的検査が用いられる。

（2）認知症

認知症は，脳疾患による症候群であり，記憶・思考・見当識・理解・計算・学習能力・言語・判断など多数の高次脳機能障害を示す。慢性あるいは進行性で，徐々に機能が落ちてくることが多く，重症度を判定することで支援計画をたてることが必要となる。一方で認知症は，情動の統制，社会行動の動機づけの低下を伴うため，知能検査のように長時間，数多くの課題に取り組むことは負担がかかることが少なくない。そのため，簡易的に全般的な認知機能の水準を把握する検査が開発されてきている。比較的よく使われるのが MMSE-J 精神状態短時間検査（Mini Mental State Examination-Japanese）と，長谷川式認知症スケール（Hasegawa's Dementia Scale-Revised ; HDS-R）である。

（3）発達障害

知能検査では，書き，計算の能力に関連する視空間認知や視覚走査，視覚-運動協応などは十分測定することができないため，一般的な知能検査に加えていくつかの神経心理学的検査をバッテリーとして組み合わせて実施することがある。とくに書きや視空間の構成能力を把握する，

Goodenough 人物画知能検査（第7章で解説），ベンダー・ゲシュタルト検査（Bender Gestalt Test），フロスティッグ視知覚発達検査（DTVP）などは，所要時間も短く，知能検査とバッテリーを組み合わせやすい。

3.　神経心理学的検査の種類

　主な神経心理学的検査の種類を表8-1に示す。ここでは比較的使われることが多い検査の概要について解説する。

（1）簡易版知能検査

①　MMSE

　MMSE（Mini Mental State Examination）は，せん妄と認知症を機能性精神疾患と鑑別することを目的として開発され，ベッドサイドでも簡易的に実施できるものとなっている。WAIS知能検査との相関も高いことが知られており，世界的に使用頻度の高い検査である。また，アルツハイマー病の捜査的診断基準におけるスクリーニング検査として推奨されている。MMSE は，「見当識」「記憶」「注意と計算」「言語」「視覚構成」という5つの認知領域を測定するものであり，11の設問で構成されている。実施時間は約10分から15分程度である。言語性検査と動作性検査が組み合わされており，0-30点のうち，23／24がカットオフポイントとなり，23点以下が認知症の疑いと評価される。結果には年齢や職業，教育水準が影響するため，それらの情報を加味して総合的に判断することが必要となる。

②　長谷川式認知症スケール

　長谷川式認知症スケール（Hasegawa's Dementia Scale-Revised；

表8-1　代表的な神経心理学的検査

	検査名	概要	内容	所要時間	適応年齢
知能	HDS-R	簡易版知能評価スケール	見当識・記銘・計算・語想起など	10分	高齢者
知能	MMSE	簡易版認知機能検査	見当識・記銘・言語理解・図形模写など	10分	高齢者
知能	レーブン色彩マトリックス検査	知的機能状態の評価	標準図案の欠如している部分に合致するものを選択	10-15分	45歳以上
知能	コース立方体組み合わせテスト	非言語性知能検査	立方体を用いて模様を作成する	40分	6歳から
注意	かな拾いテスト	内容理解，見落としなどを見ることができる	すべて仮名で書かれた文章の中からア行の仮名を探し出すもの	5分	成人
注意	TMT	注意分配・制御機能を把握	ランダムに配置された数字や仮名をつないでいく	5分	25歳〜75歳　小児にも実施可
遂行機能	WCST	概念操作による柔軟性や転換能力	カードを1枚ずつ「色」「数」「形」いずれかの属性に分類していく検査	20-30分	主として成人
記憶	三宅式記銘力検査	記銘力検査	有関係，無関係の対語10組の組み合わせの記憶	15-20分	成人
記憶	RBMT	記憶障害	日常生活に近い状況をシュミレートし日常記憶を測定	30分	成人
記憶	WMS-R	記憶を総合的に評価	短期記憶，長期記憶，言語性記憶，非言語性記憶，即時記憶，遅延記憶を測定	45-60分	16歳〜74歳11カ月
記憶	BVRT	視覚認知・視覚記銘，視覚構成能力	視覚的に提示された図形を覚え，書くもので4つの施行方式がある	15分	8歳〜64歳
視空間認知	BGT	視覚運動ゲシュタルト機能の評定・空間構成能力	9枚の幾何学的図形の模写	5-10分	5歳以上
視空間認知	DTVP	視知覚の評価	目と手の協応，視空間認知，図形と素地などを測定	30-40分	4歳0カ月〜7歳11カ月
視空間認知	CDT	視空間認知　意味記憶　遂行機能の評価	数字と針の時計を描く検査	1-2分	主として高齢者

HDS-R）は，認知症高齢者をスクリーニングする目的で開発されたものであり，MMSE-J との相関が高いことが知られている。「年齢」「場所の見当識」「時間の見当識」「単語の記銘」「計算」，注意力と作業記憶を判定する「数字の逆唱」，記憶の再生，物品呼称，言葉の流暢性課題である「単語想起」の9つの項目から構成されており，日常会話を交えながら実施することが推奨されている。0-30点で評価され，カットオフポイントは，20／21で，20点以下が認知症の疑いとなる。所要時間は5-10分程度である。

③　その他

　そのほかにも，全般的認知機能に関連する検査として，COGNISTAT（Neurobehavioral Cognitive Status Examination），ADAS（Alzheimer's Disease Assessment Scale）がある。COGNISTAT は，日本では成人を対象として，2004年に標準化がされており，3領域の一般因子（覚醒水準，見当識，注意）と，5領域の認知機能（言語，構成能力，記憶，計算，推理）を評価することができ，重症度を判定することができる。ADAS は，日本版は1991年に作成され，アルツハイマー病による認知症やその疑いのある成人を対象として開発されており，経時的に実施することで，認知機能の変化を評価することができる。

　コース立方体組み合わせテストは，赤・青・黄・白に彩色された積み木を並べて模様図と同じものを構成させるものである。実施時間は約40分であるが，言語性要因を伴わないため，聴覚的理解や発語に障害がある人にも幅広く実施できる。手続きが簡便なため高齢者にも実施できるが，高齢者を対象として標準化されておらず，その解釈は慎重にする必要がある。

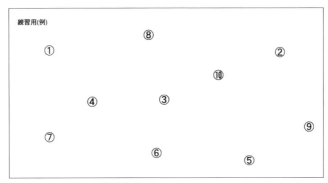

図8-1　TMT図版例

（2）注意機能・遂行機能

①　トレイルメーキングテスト

　トレイルメーキングテスト（Trail Making Test ; TMT）は，数字・数字＋文字がランダムに配置された図を見せて，順に線でつなぐという視覚注意と視覚運動協調性の評価を行うものである（図8-1）。

②　ウィスコンシンカード分類テスト

　ウィスコンシンカード分類テスト（Wisconsin Card Sorting Test ; WCST）は，色，幾何学的図形，数の違う刺激カードを手順にそって分類規則を推論し，作業をしていく検査である。遂行機能の他，抽象的概念の形成，認知セットの変換と維持およびフィードバックを利用する能力も測定できる。所用時間は15-30分である。

（3）記憶

①　三宅式記銘力検査

　三宅式記銘力検査は日本で作られた伝統的な記憶検査であり，短期記憶障害や対連合記憶，注意記憶を評価できる聴覚性言語性検査である。

一方，開発が1924年と古く，現在では対語リストは1977年に単語を組み替えて改変された東大脳研式の対語リストを用いられていることが多い。有関係対語（意味的に関連の深い名詞）10組と無関係対語（意味的関係が希薄な2つの名詞）10組を覚えてもらい，それぞれ対語の一方をゆっくりとしたペースで読み上げて聴覚的に提示し，正しく想起された単語数を数える検査である。ベッドサイドでも短時間かつ簡単に行えるもので，所要時間は15分から20分である。

② **リバーミード行動記憶検査**

　リバーミード行動記憶検査（Rivermead Behavioural Memory Test；RBMT）は，1985年にケンブリッジ大学の Wilson らによって開発された高い評価を得ている検査方法であり，2008年に第3版が発行されている。日常生活に近い状況を想定して記憶を検査する物であり，それぞれ4種類の平行検査が準備されており，練習効果を排除できる。具体的には，「姓名の記憶」「持ち物の記憶」「約束の記憶」「絵の記憶」「物語の記憶」「顔写真の記憶」「道順の記憶」「用件の記憶」「見当識」を測定するものであり，記銘，再認，再生遅延などを測定できる。記憶障害全般を見ることのできるスクリーニング値と日常生活における記憶障害の程度を見ることができる標準プロフィール点を算出することができる。カットオフポイントは，39歳以下，40歳〜59歳，60歳以上の3段階で設定されている。所要時間は30分程度である。

③ **ウェクスラー記憶検査**

　ウェクスラー記憶検査（Wechsler Memory Scale-Revised；WMS-R）は2001年に開発され，16歳から74歳11カ月が対象年齢である。所要時間は45分から60分である。13の課題で構成されており，「一般的記憶（言語性記憶＋視覚性記憶，遅延再生）」と「注意・集中力」を評価することができる。

④ ベントン視覚記銘検査

　ベントン視覚記銘検査（Benton Visual Retention Test；BVRT）は，視覚記憶や視覚認知・視覚構成能力を評価する検査であり，所要時間は約15分である。10枚の刺激図版からなる３つの図版形式を提示し，模写あるいは再生描画させるものである。８歳から64歳が対象とされており，失語症の記憶の評価に有効とされている。また構成障害や左半側空間無視のような高次脳機能障害の判別も可能とされている。

（4）視空間認知機能

① ベンダー・ゲシュタルト・テスト

　ベンダー・ゲシュタルト・テスト（Bender Gestalt Test；BGT）は，９枚の幾何図形を被験者に模写させる課題であり，視覚・運動ゲシュタルト機能の成熟度や障害の程度，心理的な状態，器質的な脳機能障害な

図8-2　小学校３年生　書字障害男児の BGT

どを把握することができる。実施時間は，通常5-10分程度であり，比較的簡便に実施することができるため，児童から高齢者まで幅広く用いられている。A4 1枚程度の用紙に，順に提示された9枚の図形を模写するものであり，用紙をどう使うのか，それぞれの図形をどう配置するのかなども評価の基準となる（図8-2）。評価は，5歳から10歳はコピッツ法，11歳以上は，パスカル・サッテル法が用いられている。コピッツ法では，すべての図形について，「形の歪み」「回転」「統合の失敗」「固執」の観点から誤りの有無を採点し，それらの合計得点を用いるが，パスカル・サッテル法では，図版Aを除いた8枚の図形について，10-13項目および，全体構成に関する7項目を重みづけ得点に基づいて採点を行う。

②　フロスティッグ視知覚発達検査

フロスティッグ視知覚発達検査（Frostig Developmental Test of Visual Perception ; DTVP）は，視知覚障害と学習の問題の関連を明らかにすることを目的にして作成されたものであり，4歳から7歳11カ月までの子どもを対象としている。視知覚能力に困難さを抱える子どもたちを就学前後に把握するスクリーニングとして使われることもある。「視覚と運動の協応」「図形と素地」「形の恒常性」「空間における位置」「空間関係」5領域それぞれの視覚発達年齢および知覚指数（Perceptual Quotient ; PQ）を算出することができ，遅れを有している領域の訓練をするための学習ブックや促進法が出版されている。

③　時計描画テスト

時計描画テスト（Clock Drawing Test ; CDT）検査は，白紙の用紙に指定する時間を示している時計の絵をかいてもらう検査であり，もともとは視空間機能の評価として用いられてきたが，遂行機能，意味記憶，注意・集中力などを反映するとされ，認知症のスクリーニング検査とし

て使われるようになっている。様々なスコアリング法が開発されているが、日本においては、ルーロー（Rouleau）法が比較的よく使われており、①盤面の構成、②数字の存在と連続性、③針の存在と配置の採点基準にそって評価が行われるとともに、時計の概念把握や描画方略、モニタリングの機能など質的にも解釈を行うことができる。

4. 神経心理学的検査の活用

　多くの神経心理学的検査は、単独で使われることが少なく、知能検査や他の神経心理学的検査とバッテリーを組んで使用されたりすることが多い。結果だけを解釈するのではなく、その人の全体像を、心理検査を使っていかに生き生きと描き出し、具体的なケアやアドバイスを行うことができるかが重要になってくる。そのため、事前に診断名および脳画像の結果など医学的情報を得ておくとともに、生育史や病歴に基づいた適切なバッテリーを構成しておくことが大切である。その際、各神経心理学的検査が何を目的としたものであり、その各下位検査が何を測定するのかよく理解したうえで、本人の負担にならず、適切に状態を把握できるバッテリーの組み合わせを考えていかなければならない。また、検査を実施するにあたっては、静かな落ち着ける部屋を整え、老眼鏡を事前に準備をしておくなど感覚機能の低下に対して配慮するなど、事前の十分な準備が必要である。検査を受ける人は、神経心理学的検査を受けることになった背景や、自分の状態に不安をもっていることが少なくないため、ラポールをしっかりと形成し、検査の目的や構成・特性を説明することが望ましい。またそれぞれの個人にあった教示方法で実施することで、障害されている認知機能と、保持されている認知機能を正確に把握できるよう努めたい。また検査に対する意欲や取り組みの様子、記

憶障害や失語・失行・失書などの所見が見られないか，行動観察を行うことも重要である。行動観察も含めた検査の結果をもとにリハビリテーション等の支援計画が策定されていくことになるため，結果の解釈においては，支援の在り方を念頭において行うことが望ましいだろう。

参考文献

小山充道著『必携　臨床心理アセスメント』（金剛出版，2008）
小海宏之著『神経心理学的アセスメント・ハンドブック』（金剛出版，2015）
黒川由紀子，扇澤史子編『認知症の心理アセスメント　はじめの一歩』（医学書院，2018）
国立障害者リハビリテーションセンター　http : //www.rehab.go.jp/

学習課題

1．高次脳機能障害のリハビリテーション法について調べ，神経心理学的検査の結果をどう生かしていくことができるのか考えてみよう。
2．各テストで測れるものと測れないものを整理したうえで，症状別のバッテリーの組み合わせを考えてみよう。

9 | 行動観察によるアセスメント

森田美弥子

《**学習目標**》 面接場面や検査場面，あるいは生活場面等における行動観察からも多くの情報が得られる。ここではいくつかの仮想場面をもとに，言葉に表現されないクライエントの内面を読み取る視点を提示する。自分ならどう考えるかを検討してもらいながら読み進めてほしい。

《**キーワード**》 顕在化した行動と内面に抱える問題，ノンバーバル・コミュニケーション，転移と逆転移

1．支援実践場面での観察

　面接や心理検査によるアセスメントのところで既にふれたことではあるが，関わりの中で得られる情報には多様なものがある。面接においては，クライエントが語った内容だけでなく，その語り方（口調や表情，態度など）が，話された言葉以上に多くを物語っていることもある。心理検査の実施場面においても同様に，検査課題に対する回答や反応のみならず，それに伴う態度や表情を観察することで，クライエントの特徴が示されていることに気づく。本章ではこうしたノンバーバル・コミュニケーションに焦点を当てる。

　支援場面での観察は，観察自体としては「自然観察法」で，形態としては「参加観察法」で行われることになるだろう。さらに，面接や検査などの関わり場面では「交流的観察」であり，後述するような生活場面では同じ場面にいても積極的に関わることはしない「非交流的観察」が

行われることになるだろう。これらの概念は研究法としての観察のあり方を分類した名称であるが，堀毛（2003）が述べているように，「観察による情報収集が，観察者と対象者との関係のありかたも含めて，対象者への援助に資するものでなければならないということは，心理臨床の基本として肝に銘じるべき点といえよう」。

　本章では，心理支援における様々な場面でのクライエントの行動を例示しながら，そこでどのようなことに着目するか，そこから何を読み取るかについて考えてみたい。その際，留意しておきたいのは，それぞれ唯一の正解が存在するわけではないということである。提示したのは，エピソードの断片であり，多様な解釈が可能である。むしろ，こうかもしれない，ああかもしれないと，たくさんの可能性を模索することが，クライエント理解の幅を広げることに通ずるので，できるだけ想像を働かせて多くの予測をしてみてほしい。

　記載した事例は，筆者がこれまで所属していた支援機関で経験したことをもとに省略・加工した内容にしてある。10例ほど挙げてあるが，すべて別のクライエントのエピソードである。

2.　申し込みの仕方，来談の仕方

［例1］　スタッフが朝出勤すると，相談室の入り口付近を行ったり来たりしている人を見かけた。しばらくすると中へ入ってきたので，初回来談のクライエントだとわかった。

　心の問題を相談したり，支援を求めたりすることは，誰にとっても気軽にできることではない。相手が専門家だとわかっていても，自分（クライエント）のことを理解してもらえないのではないかと心配する人は少なくない。また，自分の弱さがさらけ出されると感じてしまい，抵抗

感をもつことも多い。一方で，思い切って入り口まで行き，ドアをたたいて，これで肩の荷が下りると安堵する人もいる。いずれにせよ，これまで自分の中に抱えてきたものを吐き出すという覚悟をもって来談したのである。抵抗や迷いが強い様子が見受けられたら，より丁寧に来談までの気持ちを語ってもらい，共感を伝えることが大切である。

　申込の電話を何度もかけてきて，日時の変更を繰り返すようなクライエントも時にいる。これも来談への抵抗や迷いの場合もあるし，不安で落ち着かない気持ちの表れという場合も考えられる。また，自分のペースで来たいという気持ちや相手を思い通りに動かしたいという気持ちが強い場合も時にある。

[例2]　初めて来談するクライエントが，予約の時間になっても現れない。待っていると，近くの食堂から電話があり，場所がわからないと言う。迷うような道ではないのだが，道順を説明して来談してもらった。

　電話を受けた時の心理職の率直な印象としては，この人はおそらくゴールにたどりつくまでに時間のかかる人だろうというものだった。道に迷うことは誰でもあるが，なぜ食堂で尋ねたのだろう，という疑問も感じた。会ってみると，はたして統合失調症と思われる体験が語られ，現実的な判断力があまり機能していない状態だった。

[例3]　待合室で走り回っている子どもがいる。ソファの上で飛んだり寝転がったりして落ち着かない。近くに綺麗にお化粧をして高価と思えるアクセサリーをつけたスーツ姿の女性が座って雑誌を見ている。声をかけると，その女性が母親だとわかった。

　待合室は，面接室に出迎えるための出会いの場である。この例のように，親子での来談の場合，それぞれの人の特徴だけでなく，二人の関係

についても感じられるものがある。母親が身支度を整えてきたのは，初めて訪問するところにはよそ行きの身なりで行くべきという習慣なのか，それとも常に美しくありたい女性であるからなのか。そうであれば動き回る我が子は少々うっとうしい存在であるかもしれない。あるいは，きちんと相談して問題に取り組もうという気構えの表れなのだろうか。子どもに注意しないのは寛容なのか，諦めなのか，無関心なのか，などさまざまな連想がわいてくる。子どもについてはどうか。この多動さが主訴だろうか。それは気質的なものなのか，それとも自分に目を向けてくれない母親への精一杯のアピールなのか。担当する心理職として挨拶をした後も，それぞれの気持ちを推し量りながら言葉がけをしていく必要がある。

[**例4**]　いつも面接予約時間の30分前に来談するクライエントがいた。1時間ほど前に来て長いこと待っていることもある。最初の頃は他のスタッフが心配して担当者を呼びに来ることもあった。

　このクライエントの場合は，一人暮らしで仕事も毎日はなく，孤独な生活の中で唯一の楽しみはその支援機関に来て話をすることだった。それに加えて，遅れてはいけないという几帳面さが過度に働いて，早めに家を出ることが習慣となっていたようだ。ただ，担当者としては待たせて悪いという気分になり，この人のためにもっと何かしなくてはいけないのではないかと，知らず知らず思うようになっていた。心理職の側が実は自分の中に負担感があることに気づかされた事例である。

　行動で表現されるノンバーバル・メッセージは，時として言葉より雄弁なことがある。多くの場合，クライエント自身も自覚せずに示している行動だと考えられるので，そこにこめられているであろう気持ちを話

題としてとりあげることで，対人関係の問題に目を向けてもらうことができる。

3. 面接時の様子 ＊放送教材では事例数を多く紹介したため，事例の通し番号が印刷教材とは一致していません。

[例5] 面接室に案内し，「どうぞおかけください」と促すと，クライエントはソファに浅く腰掛けて座り，バッグを膝の上に抱えている。ソファは二人掛けの長いものなので，荷物を横に置くスペースは十分にあるので，少し不自然な態勢である。

　先ずは緊張の強さが感じられる。まるで荷物につかまっているようだと言えようか。また，それによって身を守っている印象もある。「荷物は横においていいんですよ」と言う前に，「緊張していますか？」「何を聴かれるんだろうと心配になりますね」などと声をかけたいところである。座り方一つとっても，いつでも立ち上がって帰ることができるように，つまり安心して身をまかせられないような感じで，腰かけているだけの人もいれば，深々とまた堂々と座ってこちらが面接を受けているような気にさせられる人もいる。先生の横に座って良いですかと尋ねたクライエントもいた。心理職の側は驚いて戸惑う場面となると思うが，基本的には断った上で，人との距離感について話し合うことにするとよい。

[例6] クライエントに家族構成について尋ねると，「父はやさしいです。母はやさしくない。姉はやさしくないわけではないけど，あまり話さないです」と，家族の性格について語った。

　ここで注目したいのは，このクライエントにとっての他者評価は，やさしいかどうかが一つの重要なものさしになっていることである。他者が自分にやさしく接してくれているかに敏感になっていることを示して

いるようだ。ただし，他者の気持ちや性格を感じとって描写するボキャ
ブラリが豊かではない可能性も想定しておく必要はある。また，心理職
の方が，ご家族はどんな人ですか，たとえばやさしいとかそうでないと
か，といった質問をしていたならば，それに合わせて答えている可能性
もある。

［例7］　「何をやってもうまくいかない」と落ち込んでいるクライエン
トが来談した。さまざまなエピソードを語りながら，いかに自分がダメ
な人間か，ということを切々と訴えかけてくるのだった。しかし，その
日は Fight！と書かれた真っ赤なTシャツを着ていたことが，担当者に
は印象に残った。

　落ち込んでふさいでいる雰囲気の表情や話し方と服装とに違和感をも
たされる場面であった。［例3］でも述べたように，服装の選択が無意
識のメッセージ性を帯びていることがある。頑張りたいという自分に対
するメッセージであったり，頑張っている自分をアピールしたいという
相手へのメッセージであったりする。

　以上のように，態度，表情，話し方，服装・もちもの，その他さまざ
まなノンバーバル・コミュニケーションのあり方が，アセスメント情報
となり得る。菅野（1987）は，心理臨床場面でノンバーバル・コミュニ
ケーションは，「言語の代理的方法として意味をもつ場合と，言語の補
填的方法として意味をもつ場合」があるとしている。前者は，障害児者
や乳幼児など言語能力，言語コミュニケーションが不十分な場合であ
り，言葉に代わる行動の意味を理解することが大事である。後者は，緊
張・不安・共感・防衛など，言葉には表れない意識下の情報が伝達され
るもの，無意識の表出とも説明されている。菅野によるカウンセリング

場面でのノンバーバル行動リストから，主なものを紹介してみよう。

　①時間的行動（来談時間，面接の終わり方など）

　②空間的行動（面接者との距離，座る位置など）

　③身体的行動（視線，姿勢，表情，身振り，動作など）

　④外観（服装，髪型，携行品など）

　⑤音声（語調，話し方の速さ，言葉づかいなど）

　そして，これらのノンバーバル行動から背後にある心的状態を推論すること，ノンバーバル行動間の矛盾や，言語とノンバーバル行動との矛盾に注目し，心的背景を考えることで，事例の理解に生かせると指摘している。

4. 日常生活の中で

　入所型の福祉施設や病院の入院病棟では，生活場面での様子からクライエントの特徴を知る手がかりが得られる。心理職自身がそこで関わって観察することだけでなく，他のスタッフや他のクライエントとの関わりについても見聞きすることになるからである。一対一の面接や検査場面と違って，情報はさらに豊富で多様になるが，複数の人の視点が混入する分，わかりにくくなることもあるので注意が必要である。

[例8]　児童養護施設に入所しているAは，他の入所児童の誕生会で，プレゼントとして何匹もの虫の死骸を入れた箱を手渡した。スタッフは，「気持ち悪い！　ふざけてるの！」とAを叱ったが，A自身には叱られる理由がわからない様子だった。

　このエピソードを後日聞いた心理職は，何日か前のAとの面接を思い出した。Aはその児童を慕っており，「その子が虫が好きだと言ってい

た」と話していた。だから虫をプレゼントすれば喜ぶだろうとＡなりに考えたのだろう。

[例9]　病棟の看護師から、「Ｂ（患者）は私を目の敵のように思っている。ちょっとしたことで文句を言ったり，悪態をついてきたりするので，困っている。以前はむしろ私を気に入っていたみたいで，いつもそばに来て嬉しそうに話しかけてきたのに，忙しくて相手ができないことがあり，それから態度が変わってしまった。他のスタッフに対してそういうことはない。私がいけなかったのだろうか」と相談された。

　ここで考えられることの一つとして、「転移」という現象が起きている可能性がある。転移というのは精神分析用語で，幼児期における重要な人物（多くの場合は両親）に向けられていた感情や欲求などが，面接過程が進む中でセラピストに向けられるようになっていくことである。クライエントから向けられる感情は，自分を受け入れてほしい，わかってほしいという強い愛情欲求であったり，その裏返しとしての攻撃性であったりする。継続面接の中で転移は生じやすく，それを話題として扱っていくことでセラピーは進展する。スタッフ個人に対する感情や評価ではないのだが，生活場面で同様のことが起きると，対象となったスタッフとしては戸惑いが大きい。

[例10]　レクリエーションの一環でバレーボール大会が開かれた。心理職が担当しているクライエントＣに、「元気がなかったね，大丈夫？」と声をかけると、「心理の先生ってそんなことまで見てるんだね，こわい！」という返事が返ってきた。

　これはセラピーにおける関係と日常場面での関係が交錯してしまったことを示している。この事例の場合には，心理職との関係は面接室での

関係が軸足となっていたので，日常場面で内面に深入りした発言は控えるべきであったと思われる。そうではない事例もあるので，神経質になる必要はないが，観察したことを本人にフィードバックする際にはタイミングを考慮しないといけない。

　［例8］〜［例10］のように，日常での行動観察をどのように活かすか，配慮を要する。［例9］のところで「転移」という現象にふれたが，心理職の心の動きにおいて，「逆転移」が起きることにも目を向けておかなければいけない。観察された行動は，心理職や他のスタッフあるいは関係者との関係性が要因として生じたものかもしれない。それもクライエントの特徴ではあるが，何に対する反応として生じた行動なのか，把握しておくことが心理職の仕事である。それは病院や施設だけでなく，学校場面でも大切なことだと言える。

　行動観察において気をつけたい点として，これまで述べたことと重複する部分もあるが，あらためて以下にまとめてみる。

①行動には必ず意味がある。いつもの行動傾向，いつもと異なる意外な行動，いずれについても何故そうなのか考えてみよう。

②自分の経験は参考にするが，きっと相手もそうだと決めつけない。できるだけ多くの可能性（仮説）をたててみよう。

③クライエント自身は自分の行動傾向やその意味を意識していないことが多い。すぐに指摘するのでなく，必要かつ適切と感じられた時に話題として感想や意見を聴いてみよう。

④「関与しながらの観察」という視点から，心理職やスタッフの存在がクライエントにどのような影響を及ぼしているかについて考えてみよう。

参考文献

堀毛裕子著「面接・観察査定論」岡堂哲雄編『臨床心理査定学（臨床心理学全書 2）』（誠信書房, 2003）

菅野純「心理臨床におけるノンバーバル・コミュニケーション」春木豊編著『心理 臨床のノンバーバル・コミュニケーション』（川島書店, 1987）

学習課題

1．行動観察によるアセスメントの利点と限界は何か，考えてみよう。
2．周囲で見かけた人の観察をしてみよう。どんな人だと思うか，それ はどんなところから判断できるだろうか。（ただし，相手に失礼のな いように，差し支えない範囲で行うこと）

10 | アセスメント計画の実際

森田美弥子

《**学習目標**》 実際の支援場面で心理アセスメントを実施する時に，どのようなことに留意するとよいか。アセスメントの導入や進め方について，ここでも事例を用いながら解説する。
《**キーワード**》 インフォームド・コンセント，ケース・フォーミュレーション，検査バッテリー

------

1. アセスメントのプロセス

　多くの支援機関では，クライエントからの申込を受け付け，支援を開始するにあたって予約制をとっている。電話（時にメール）で申込の連絡があり，概略を聴いて，担当者を決めてから初回来談（受理面接）の日時を予約する。申込の段階でもクライエントの特徴が示されていることは多く，担当することになった心理職は，どんな人だろうかとあれこれ想像をふくらませることになる。決めつけや思い込みにならないよう十分に注意しながらも，想定されることについては対応を考えておく。

　たとえば，子どもの問題で来談したいという場合に，親子で来るのか，とりあえず親だけなのか，子どもの来談意欲はどの程度で，どんな気持ちなのか，などによって準備する部屋やスタッフが変わってくる。親子の場合，別の担当者を決めて並行面接にした方がよさそうか，それとも同室で面接するか，などである。また，子どもの年齢によって用意しておく玩具や，プレイルームが複数あるならその子に適している部屋

を選択するなどのことを考えて準備しておく。実際にクライエントに会ってみると，電話申込の時に得られた情報や印象とは異なることもあるが，なぜ不一致が生じたのかを考えることもまた，今後関わる上でのヒントになる。

　受理面接当日は，担当者が自己紹介として，名前と職種を伝え，初回の今日は，どういう問題で来談されたか，及びそれに関連したことをお聴きすることになると伝える。概要は2章・3章で詳述したが，来談のきっかけとなった問題，背景・関連情報として成育歴，家族その他の環境，その他について，支援機関としての守秘義務などを説明し，話していただくことの同意を得る。アセスメントにおけるインフォームド・コンセントである。

　このように，アセスメントはクライエントと直接出会う前から始まっている。その都度，見立てや方針についての小さな仮説をたてることが繰り返されていく。継続的な関わりの中でも同様である。下山（2012）は，アセスメントが①受付段階，②準備段階，③情報収集段階，④情報の分析段階，⑤結果報告の段階，⑥介入方針の決定段階，⑦介入効果の評価段階，⑧介入方針の修正段階，と進んでいく中で，事例の問題の構造を明確化（問題についての見立て）していく作業として，ケース・フォーミュレーションを提唱している。そこでは，多元的な情報収集，仮説の検証と修正を繰り返して「問題の成立と維持のメカニズムをフォーミュレーションすること」が重視されている。

　次節では，仮想事例を通して，アセスメントの視点を考えていくことにする。

2. 事例を通して

「自分がない」という主訴で支援機関を訪れた大学生A，B，Cの3
事例を提示する。このような主訴で来談したクライエントに対して，ど
のような見立てを仮説としてたてるか，さらに詳しく知って今後の方針
をたてるためにはどのような情報を確認していきたいか，などを考えて
みよう。

① 事例A

「クラスメートに昼食を一緒に食べに行こうと誘われました。授業が
終わって，教室から何となく出遅れてしまい，そうしたら教室に残って
いるのが3人だけだったんです。

本当は私のようなつまらない人間なんか誘いたくなかったと思うので
すが，顔見知りなのに1人だけ声をかけないのも可哀想だと思ったんじ
ゃないかな。私もふだんなら断るんですけど，っていうか声をかけられ
ないようにすぐ出て行くんだけど，その時はたまたま目が合ってしまっ
て。で，断る理由が見つからなくて，行きました。

ファミレスで，メニューを見ていたら汗が出てきました。決められな
くて焦りました。他の2人はさっさと決めることができて，羨ましかっ
た。高いものを注文すると偉そうだし，安いものだと馬鹿にされそう。
友だちと同じものにしようと思ったけど，それぞれ違っていたので。

こんな些細なことを気にするなんてバカみたいだと自分でもわかって
いるんだけど，でも気になってしまう。他にもいろいろ，自分の着る服
でも1人では選べないとか。自分というものをもっていないから，パッ
と決めたり行動したりできないんだろうと思います。」

② 事例B

「昨日の昼，授業が終わって教室を出ようとしたら，一緒に食事に行

こうと言われました。クラスメートだと思います。顔は知っていますから。話したこともたぶんある。

でも，もしかしたらクラスメートのふりをした別人かもしれません。教室には私を入れて３人しか残っていませんでした。２人にはさまれて，連行されていく，みたいな感じで，断ることができませんでした。

ファミレスに入りました。何を食べるか，決められなくなりました。他の２人が目配せし合っている感じで，なぜ私を食事に誘ったのか，怖くなりました。もしかしたら，毒が？　そう思ったら下手に注文できないじゃないですか。お店の人もグルなんじゃないかと思います。こちらを見ながらひそひそ小さな声で話していました。

何だかよくわからなくなって，言われるままにしていました。自分の意志ではないような感じで話したり，行動したりしていました。自分というものがなくなっていました。」

③　**事例Ｃ**

「昨日の２限は＊＊先生の△△の授業でした。先生が板書したことをノートに書きうつしていたら，遅くなってしまいました。皆は書くのが速いですね。追いつくためには速記でも習うとよいかもしれません。

書き終わった時に，クラスの○○さんが近寄ってきて，昼御飯を食べに行こうと言いました。◇◇さんもいて，その時は何も考えずに３人で一緒に行きましたが，あとから何故私を誘ったのか不思議に思いました。彼らも書くのが遅いからかな，きっと。

ファミレスに行ったら，混んでいて，待っている間に他の２人は何を食べるか話し合っていました。そうすれば時間の節約になっていいと思います。メニューが１つしかなかったので，私は時間を計ることにしました。

13分20秒経過した時に席に案内されました。そこで初めてメニューを

見て考えることになりました。栄養のバランスを考慮して，一昨日とは違うものにしようと思ったのですが，判断が難しかったです。自分というものがない，ということかなと思います。」

　いずれも「自分がない」と訴え，同級生などとの交流もあまり積極的にはできていない様子の学生であるが，なぜ「自分がない」と考えたのかという理由は三人三様である。背景に抱えているものが異なるからだと思われる。事例Aについては，自己否定的で自信がなく劣等感が強いことが特徴である。事例Bは，非現実的な発想に基づく恐怖感や被害感が見てとれる。事例Cは，状況把握において本質的とは思いにくいポイントに関心が向いてしまっている。

　このように，同じ主訴であってもその背景が大きく違うことは少なくない。それによって支援の内容（関わり方）も異なってくるので，クライエント自身が何にどう困っているのかていねいに聴いていくことが大切である。

3.　知りたいことは何か

　クライエントが表現したことから何を読みとるか？　具体的な内容は，面接法・心理検査・行動観察の各章において解説されているが，多種多様な情報をどのように整理してまとめあげるかは大きな課題である。

　アセスメントを行って知りたいことは何なのか。一つには，一体何が起きているのか，という「問題の見立て」がある。その際，顕在化した問題と，背景にあると考えられる問題の両方を視野に入れておく。来談のきっかけとなった出来事だけでなく，「これまで同じようなことで困

った経験はありますか？」「別のことで悩んだことはありますか？」「今回のご相談と関係があるんじゃないかとご自分で考えていることはありますか？」など，クライエント本人の自分に対する問題意識を先ずは尋ねていく。

　クライエントは「問題」を解決・改善したくて支援機関を訪れているのだから，現在の問題のアセスメントが一番大事なところだとは言えるが，問題を知るためには，クライエントがどういう人なのか，を知らなくてはいけない。人によって，問題の受けとめ方や対処スキルなどが異なるからである。そこで，アセスメントで知りたいことのもう一つは，どんな人なのか，という「人物像の見立て」である。ここで，成育歴や家族歴が重要な意味をもってくる。「幼稚園や小学校の頃はどんな子どもでしたか？」「何をして遊んでいましたか？」「高校時代はどんな風に過ごしてきましたか？」などと尋ねて，できれば印象に残っている具体的なエピソードがあれば，話してもらうと理解しやすい。これまで，さまざまな場面で，何か課題に直面した時にどんな対処の仕方をする人なのか，対人面での行動パターンはどのようなものか，といったことを把握することによって，今回の出来事への反応が，その人らしいものなのか，特殊な事態が生じているのか，など位置づけることができる。

　ここで見てきた3事例について，大学生という発達段階に今いることを考慮して，所属学部やサークル活動，アルバイト，趣味，友人関係なども話題とすることになる。何に関心があるのか，何を好んでいるのか，何に価値を見出しているのか，を知りたい。お金を稼ぐことであったり，何かを作り出すことであったり，人を喜ばせることであったり，強くなることであったり，美しくなることであったり，あげればきりがないが，その人らしさをどんな形で示そうとしているか，話してもらうのは，まさに自分を取り戻すことにもなる。その人にとって居心地のよ

い世界や，熱心になれる対象を持っている，ということ自体にも意味がある。

　津川・福田（2012）は，アセスメントにおける優先順位を提起している。以下に要約して紹介する。

① 「命」と「生活」の心理アセスメント

　まずは「命」が守られているか（自殺の危険性，精神症状が早急に治療を要する状態かどうかなど），「生活」が守られているか（帰る家があるか，お金があるか，虐待やDVを受けていないかなど），こうした安全をチェックすることは対人援助者の責任である。

② 知的機能・認知機能の心理アセスメント

　①と並行して進めるが，知的機能や認知の偏りがベースにあって不適応を起こし，心理的不調に至っていないかに留意する。

③ 病態水準・精神症状の心理アセスメント

　統合失調症の発症が懸念される状態なのか，一過性に精神病様状態を呈しているのか，人格障害圏か神経症圏かなどを，思考過程，感情統制，不安，対人関係のあり様などからアセスメントする。

④ パーソナリティ特性の心理アセスメント

　パーソナリティ傾向を把握して単なる分類に留めるのではなく，「いまなぜ？」（Here and Now）という視点を失わず，その人の歴史と現在をつなげていく。

⑤ 援助者側（自分自身や組織）の心理アセスメント

　自分自身や所属する組織・チームについて，担当できる力量があるか，受け入れられる状況にあるかなどをアセスメントする。

　ここには，心理的視点だけでなく，福祉的視点，医療的視点が加わって，包括的なアセスメントとなっている。これを参考に，先の3事例を

見てみると，３人とも大学への登校は特に問題ない様子から，日々生きることの危うさは感じられない。しかし，事例Ａの自己否定意識がどれくらい強いのか，現実生活への適応を阻害するほどの可能性がないかどうか，また事例Ｂはその非現実的認識にもとづいて不安混乱が高じて自分や他人を傷つけるなどの危険性がないかどうか，といったことは念のため視野に入れておきたい。関連して，事例Ｂの病態水準の重さ，事例Ｃの認知の偏りについての判断は必要とされるだろう。パーソナリティ特性の理解と合わせて心理検査によるアセスメントを考えたいところである。

　心理検査を導入するとしたら，適切なものは何だろうか。病態水準の把握に重きをおくならロールシャッハ法を中心に，認知機能や発達の偏りについてはWAISを中心に据えることを考えるが，可能であれば複数の検査バッテリーを組むことにより，情緒・感情面，思考・認知面，対人関係や行動特性を総合的に見ていくとよいだろう。

　病院受診の可能性がある場合を考えて，連携できる医療機関をつくっておくことや，生活面での支援を受けることが想定されるならば福祉サービスを行う行政機関とのネットワークをもっていると安心である。ここでは大学生の事例であったが，さまざまの年代のクライエントが来談するのであれば，子育て支援や高齢者支援，発達障害児者支援など，その地域の支援機関について知っておきたい。

　また，そういった外部の組織だけでなく，支援機関内で連携協働の体制を構築しておくことも重要である。大学内の学生相談室や，小学校・中学校・高校のスクールカウンセラーであれば，他の教職員，病院であれば医師・看護師・社会福祉士など，福祉施設であれば，生活指導員・ヘルパーその他，職場内の多様な専門職たちと，可能な範囲で情報共有して，協力して支援にあたるのが有効である。

参考文献

森田美弥子編著『臨床心理査定研究セミナー（「現代のエスプリ」別冊：事例に学ぶ心理臨床実践セミナーシリーズ）』（至文堂，2007）

下山晴彦著『臨床心理アセスメント入門—臨床心理学は，どのように問題を把握するか』（金剛出版，2008）

髙橋靖恵編著『「臨床のこころ」を学ぶ心理アセスメントの実際—クライエント理解と支援のために』（金子書房，2014）

津川律子・福田由利著「臨床心理アセスメントを学ぶ—心理アセスメントに関する基本的な覚え書き」『臨床心理学増刊第4号：事例で学ぶ臨床心理アセスメント入門』（金剛出版，2012）

学習課題

1．この章で提示された大学生A，B，Cの3事例の「見立て」を考えてみよう。なぜそのように見立てたのか理由もあげてみよう。

2．3事例のアセスメントの一環として心理検査バッテリーを組むとしたら，どのような検査を実施することが適切だろうか。その判断理由とともに考えてみよう。

3．1と2について同級生などと意見交換し，互いの「見立て」や方針の立て方を比較検討してみよう。

11 | 医療場面のアセスメント

佐渡忠洋

《学習目標》 医療場面，特に精神医療（病院・クリニックなど）におけるアセスメントの留意点を理解する。さらに，病理水準という視点を持ち，クライエントを構造的・力動的に理解する意義を学ぶ。
《キーワード》 病院，病態水準の見立て

----

1. はじめに

　本章では精神医療に焦点を当てる。医療の中で特殊化した各診療科をくまなく取り上げることなど不可能だからである。ここでの論をさらに精神科病院というフィールドに絞ったとしても，基礎的な部分は他の医療領域に転用できると思われる。

　対人関係が心理職の仕事の核であることを自覚しつつ，まず医療を眺めていく。さらに，各検査の実施と解釈は修得済みであることを前提に，仮想事例を通じてアセスメントの実際を描写し，留意点を記す。後半は，心理職の専門性を発揮しうる病態水準論を概説する。以下，クライエント（患者）は Cl，セラピスト（検査者）は Th と略記する。

2. 医療

（1）その場とそこに仕える者

　≪医療≫をどう想像するだろう。TV の『白い巨塔』や『ドクター

X』を，あるいは漫画の『ブラックジャック』や『コウノドリ』を想像するかもしれない。精神医療では，少し古い作品になるが，映画『カッコーの巣の上で』（1975年）や，実態暴露『ルポ・精神病棟』（大熊，1981年）を想起する人もいるだろう。医療の度重なる不祥事，健康の押し売りはわれわれに不信感を呼び起こす。調べれば調べるほど，この暗い歴史に圧倒され，医療が人の傷つきと苦しみで成り立っていることを知らしめる。とはいえ，医療が人を癒す場でもあることに疑いはない。今現在も，多くの《生》がそこで救われている。明暗の両方を見なければ，おそらく医療という場所を理解することはできない。

　医療で治療を受ける人は「患者」と呼ばれる。この語源はラテン語のpatientem で，「耐え苦しむ者」の意である。読者の大半が知るのは，この患者側であろうが，本章は医療スタッフの仕事を考えることになる。では，医療スタッフはどう見えるか。この者たちはすべからく，どこかで《癒し》を人質に，《力》を行使しているかもしれない。これをGuggenbühl-Craig（1978／1981）は巧みに俎上に載せ，傷ついた者と癒し手との関係には個を超えた力動があることを指摘した。本章でいえば，われわれは心理アセスメントという行為を《力》の行使として行っているかもしれないのだ。影に飲み込まれたことに気づかず仕事をしないように，まずはこれを自戒せねばならない。

（2）医療の文化

　医療は閉鎖的であり，医師を頂点とするヒエラルキーは否定しがたく，独自のルールと言語をもつ。医療に入る前に，「健康・医療心理学」「精神疾患とその治療」「関係行政論」などの学修は不可欠である。精神医療の共有言語ともいえる DSM-5（アメリカ精神医学会の「精神疾患の診断・統計マニュアル第5版」）と ICD-11（世界保健機関の「国際

疾病分類第11版」）も押さえる必要があろう。さらに，唱えられて久しい生物心理社会モデル（Engel, 1977）と，ある所では全体主義的な旗印として使われるエヴィデンスに基づく医療（Sackett et al., 1996）も，基礎は理解しておきたい。いずれも医療現場に入る作法である。

　精神医療における心理職の主要業務の１つが心理検査である。病院などでは医師の指示で心理職が検査を行う。しかし，心理職の方が検査を熟知していることは多いため，検査の選択について，検査導入の必要性も含めて，医師と十分な連携が取れるようにしておきたい。多くの医師は心理職の意見に寛容であるが，そうでなくとも話し合う気概は持つべきである。働く場所を整える姿勢を持っておきたい。フローチャートと検査セットを作成し，それに従って検査依頼を出してもらう方法は便利だけれど，検査依頼の形骸化へと通じる危険性がある。

　精神医療の機関に援助を求めることを，多くの人は≪敷居が高い≫と感じるだろう。苦しみを抱えていようとも，この抵抗感はクリニックよりも病院で，心療内科よりも精神科で強く掻き立てられる。人の≪狂気≫に対する恐れと先入観は強力なのだ。故に，この反応はある部分で自然なものでもある。このことをわれわれは可能な限り察しておく必要がある。Clの抵抗感や期待感も含め，見立ては常にその文化・文脈のもとでなされていく。

（3）診療報酬

　診療報酬を知らずに病院で仕事をすることは難しい。これは医療機関が行った保健医療サービスに対する公定価格をいい，表に従って計算され点数で表される（１点＝10円）。中央社会保険医療協議会が答申，厚生労働省が告示し，原則２年に１度改訂される原理である。2018年４月の改訂で，これまでの表記「臨床心理技術者」は「公認心理師」に改め

られた。このことは医療の心理職にとって大きな節目である。

　心理検査の中で診療報酬の対象となるものがあり，実施した検査により報酬を請求できるか否か，そして得点の高低が変わる。そのため，対象となる検査の活用頻度は医療において自然と変わることになる。対象外の検査を実施するなら，治療方針と Cl の負担と Th の労力を踏まえ，その意義を考えていく。

　なお，自分の働く機関・部局の経営面にいくらか目を向けておくことは重要であろう。診療報酬に基づいて心理職が病院の収益に直接貢献できる形は，現在のところ，心理検査のみである。かといって，「自分の給料を検査で稼ぐ」といった発想は誤りである。心理職の仕事の大半は目に見えない事柄であって，しかもこの発想は医療経営学の定説にそもそも反するらしい。国と自治体の財政，および国民皆保険制度などを理解すると，社会貢献の意識は変わってくるかもしれない。

3. アセスメントの風景

（1）外来における検査事例：酒井さん

　では，精神科病院におけるアセスメントの風景を描写しよう。

　外来にかかっておられた酒井さん（女性，23歳，仮名）との話。Th はあらかじめカルテをチェックする。紹介状と問診票にも目を通し，処方内容も確認。成育歴と既往歴は想像しながら読む。酒井さんは18歳から精神科受診歴があり，1カ月前に本院に来られた。検査依頼票には「統合失調症かどうか意見が欲しい」とある。主治医が統合失調症に着目していることはカルテから想像できたが，その理由は判然としなかった。検査前，主治医と廊下で会った際，酒井さんの検査について少し会話を交わした。

　予約の定刻，待合所へ酒井さんを迎えに行く。初診時は両親を連れておられたが，今日は一人での来院だった。Th は声をかけて部屋へ案内する。その移動はスムーズで，Th の後ろを俯いて歩かれた。部屋に入り，改めて挨拶をしてから，心理検査について説明をする。この説明を酒井さんは慎重に聞いておられた。この日は WAIS–III を（趣味や生活も聴いた），別日にロールシャッハ法を実施した（来院経緯と家族構成，そして改めて主訴も聴いた）。両日とも，酒井さんは終始穏やかな表情で熱心に回答してくださった。主訴をうかがった時は顔つきが変わり，抱えているツラさを Th に強く伝えてこられた（と Th は感じた）。ここで検査結果の詳細には立ち入らない。平均程度の知的能力が示唆され，統合失調症らしさは感じられなかった。

　後日，所見を「統合失調症とは思えず，パーソナリティ障害と見立てた」の趣旨で作成した。主治医に伝えに行くと，「そうか。説明の仕方が少し独特でね。もう一人の自分に言われているから，っておっしゃるのよ。そういうので，統合失調症かどうか考えてたんだけど」。Th は「少し言葉の表現が独特な方かもしれません。でも，踏ん張っておられる感じがしました」。「そうね。分かった，ありがとうございます。後で（所見を）読んでおきます」。

（2）事例の解説

　こうした外来での心理検査は，精神医療におけるアセスメント業務の代表例といってよい。酒井さんの事例において，Th はこの機会を「主治医の見立てを支援すること，鑑別診断の補助」と位置づけた――鑑別に関わる病態水準論は本章後半で記す。検査を通じて考えたことを主治医と共有するまでに力を注ぎ，主治医を支援することで間接的に酒井さんを支援するという形を意識したわけである。このように，個々の検査

の具体的な目標は，Cl の特徴，スタッフの特徴，その医療機関の風土との函数から考えていくことになる。

　専門家の中には，検査前に Th は先入観を持たない方がよいと考え，Cl の情報をほとんど知らずに検査に入る者や，多忙のためこのステップを省く者もいる。しかし筆者は，上のように準備し，それを括弧に入れて Cl と会うよう心掛けている。この作業抜きに柔軟な対応はできない。そして，主訴などの重要点は，できるだけ Cl から直接聴く。カルテでは症候・症状の記述が多くなるため，心理学的な見立ての資料としては不十分なことが多く，語りのニュアンスは人間関係で変わり，見立ては人間関係の中でなされるからである。また，Cl のマイナス面だけではなく，健全な面やプラスに作用する力にも着目する必要がある。そして，Th の見立てが誤っていることも当然ありうる――見立てに《正解》はないが。しかしながら，経過の中で Th の見立てが支持されると，主治医との仕事はその後やりやすくなることが多い。

　これらの留意点を思い描くことは，実際の仕事の経験がなければ難しいだろう。読者が風邪で内科にかかった病院経験を下敷きに，ロールプレイ実習を行うなどして議論してもらいたい。

（3）入院と心理療法でのアセスメント

　他のアセスメントの代表例として，入院（病棟）と心理療法におけるものがある。

　Cl が入院中なら，筆者は数日前に病棟へ出向き，会話を交わすようにする。関係の構築は当然のこと，検査室で実施するか病室で実施するかなどを吟味し，Cl の病棟生活の一端を垣間見るためである。また，病棟は限られた時間の中でスケジュールが組まれているので，必要に応じて病棟スタッフと打ち合わせをしておく。さらに，精神保健福祉士な

ど他職種との会話も貴重な時間で，そこで初めて退院後の支援方策（カルテに記される前の情報）を知り，アセスメントについて工夫できることは多い。職種間連携の重要性は論を俟たない。それをいつ・どのように行うかを考える点に，心理職の専門性が発揮されるだろう。

　心理療法（カウンセリング）における見立ての技量は，検査を含めたすべてのアセスメントの基盤であり，精神科病院における心理療法での見立ては，Cl 理解という点で，他の診療科・他領域のものと違いはない。ただし，留意すべき点はある。例えば，精神科病院が主に精神的・心理的な苦悩を抱えた人を支援する場所であるため，他の機関以上に，Th には精神医学的症状とこころの病理についての敏感さ・慎重さが求められる。実際，深刻な病状や複雑な経験で苦しみ，それを語る人と多く出会う。あるいは，母親と面接をしている主治医が，Th の Cl である子に薬を処方することはよくある。この枠組みは，治療の中で主治医―Th 関係が様々な形で機能することを意味するため，時に Th には，主治医が心理療法の展開を守る者とも壊す者とも感じられうる。この時は，面接内容をカルテにどう記録するか，主治医の心理療法観をどう見立てているかが大切となる。

　以上，精神科病院におけるアセスメント業務とその留意点を記した。より詳細かつ理論的な部分は，津川（2009）の成書を参照されたい。この書はアセスメントに6つの視点を挙げ（表11-1），それを第7の視点＝here and now で統合する意義を論じている。

4. 病態水準論

（1）病態水準論とは

　見立てでは，認知や情動やパーソナリティの特徴，あるいは日常生活

表11-1　アセスメントにおける6つの視点
（津川，2009，p.197 より作成）

Ⅰ　トリアージ
A．自傷他害の程度
B．急性ストレス（悪化しているか）なのか慢性ストレスか
C．トラウマの有無（含む complex PTSD）
D．援助への動機や期待の程度
E．いま自分が提供できる援助リソース
Ⅱ　病態水準
A．病態水準と防衛機制
B．適応水準
C．水準の変化
D．知的水準と知的な特徴（とくに，動作性能力）
E．言語と感情のつながり具合
Ⅲ　疾患にまつわる要素
A．器質性障害・身体疾患の再検討
B．身体状況の再検討
C．薬物や環境因（大気など）による影響の可能性
D．精神障害概念の再検討
E．症状をどのように体験しているのか
Ⅳ　パーソナリティ
A．パーソナリティ特徴（とくによい資質）
B．自己概念・他者認知を含む認知の特徴
C．ストレス・コーピング
D．内省力の程度
E．感情状態
Ⅴ　発達
A．平均的な発達
B．思春期や青年期の特徴をはじめとする年代ごとの心理的な悩み
C．年代に特有の症状の現われ方
D．発達障害傾向の有無とその傾向（発達の隔り）
E．ライフ・プラン
Ⅵ　生活の実際
A．地域的な特徴
B．経済的な面
C．物理的な面（地理，家屋など）
D．生活リズム
E．家族関係を含む対人関係

で生じやすい行動のように，具体的な理解・予測を行う。しかし，Cl
の病理（住まう世界構造，抱える心理的課題の程度）を全体的な人間像
から捉える方法も治療上は有益である。例えば，上述の酒井さんの事例
では，パーソナリティ障害との大まかな見立てがなされた。これを支え
た考えを病態水準（病理水準）論という。歴史を短く紹介する。

　19世紀末，ドイツの精神科医クレペリン（Kraepelin, E.）が統合失調
症と躁うつ病を内因性の二大精神病と位置付けたことで，精神病圏とい
う輪郭が生まれた。20世紀初頭，精神分析の創始者フロイト（Freud,
S.）と心理分析の実践者ジャネ（Janet, P.）らの業績が，神経症（概念
としては18世紀から存在した）という枠組みの明確化に寄与した。その
後，精神病とも神経症とも判断しがたい人たちとの臨床経験から，第三
の「境界例」という中間圏が築かれた。1960年代，この３つの圏を自我
心理学派から位置付けたのが米国で活躍したカーンバーグ（Kernberg,
O.F.）である。彼の理論は，自我機能に着目して，病理を神経症パーソ
ナリティ構造，境界パーソナリティ構造，精神病パーソナリティ構造で
理解するものである（Kernberg, 1986／1996）。松木（2011）は境界例
をパーソナリティ障害と言い改め，これを表11-2の形で整理している。

（2）各圏の特徴

　では，それぞれは具体的にどう異なるのか。松木の表を導きの糸と
し，各圏の特徴を粗描する。病態水準の最良の学びは事例にあるが，紙
幅の関係上，本稿では特徴を簡潔に述べるに留め，学修に適した書籍を
紹介する。

　神経症圏とは，葛藤を抱える力と自他を区別する力を持っており，抑
圧のような高次の防衛機制を使用できる人をいう。自我（わたし）と心
の内界との，自我と環境との折り合いがうまくいっておらず，そのため

表11-2　病態水準論の理論（松木，2011，p.15 より作成）

	神経症	パーソナリティ障害	精神病
心の葛藤 (不快/苦痛)	保持	排出（放散） （意図して）	排出（放散） （能力欠落のため）
	↓	↓	↓
現実認知	ambivalence 両価 現実の受容が困難	avoidance 回避 現実を意図的に無視	alteration 交換 現実の拒絶
	↓	↓	↓
	考え込む 考えあぐねる	悩まず行動(排出)で処理 回避行動（ひきこもり） 発散（排出）行動 快感充足行動	世界の書き換え 空想の現実化 （妄想・幻覚） （心の世界の外在化）
二次過程	機能不全	意図的放棄	崩壊
一次過程	抑止	意識的使用	無意識的汎用

の苦しみを背負っているともいえる。推薦図書は『少年期の心』（山中，1978）である。事例「道太」「太郎」「庭子」などは，子どもの神経症とその治癒過程がドラマチックに詳述されている。成人について参考になるのは『軽症うつ病』（笠原，1996）で，心因性と内因性のうつの差異にも明るくなる。

　パーソナリティ障害圏は，現実を認識する力はあるものの，分裂や投影性同一視のような原始的な防衛機制を使用し，自他の区別が曖昧になる場合がある人を指す。葛藤の保持ができにくいために行動化や他者操作を起こしたり，感情の表出と納まりに顕著な困難さを示したりする。この病理の特徴をマスターソン（Masterson, J.F.）は「見捨てられ不安」から，バリント（Balint, M.）は「基底欠損（基底断層）」から論じている。治療場面では Th を試す行為や枠破り（治療契約とは違う時間と場所で援助を求めるなど）がよく指摘されるが，「境界例［≒パーソナリティ障害圏］の『症状』は，多分に治療者の接し方によっても『つ

くられる』こと」（河合・成田，1998，p.iv）は注意しておこう。推薦図書は『境界事象と精神医学』（鈴木，1999）で，境界例概念の大まかな歴史を理解でき，事例「悦子」とその後の解説がこの圏の人の言葉にしがたい印象をよく伝えてくれる。

　精神病圏は，無意識に圧倒されて自我が成す術を失っているかのような状態にあり，自他の区別が不明瞭で，現実感覚に障害を受けてしまっている人をいう。その代表例が統合失調症である。推薦図書は『分裂病のはじまり』（Conrad, 1966／1994）。事例「ライナー」は発症時の焦燥感と緊迫感を生々しく物語り，統合失調症圏という見方を形作るのをとても助けてくれる。

　病態水準の捉えで重要なのは症状ではなく，パーソナリティ構造である。例えば，神経症圏では精神症状がほとんど認められない人から，抑うつ感や不安感，強迫行動などが顕著に認められる人まで様々である。発病していない精神病圏の人もいると考え，幻覚や妄想を示さない統合失調症の人もいるとする——例えばブロイラー（Bleuler, E.）は4A（連合弛緩，感情平板化，両価性，自閉）の副次的症状として幻覚や妄想を考えており，中井久夫が言うように精神病的症状を一度も経験しない人などいないだろう。症状に第一義的価値を置かず，過度に細分化した形ではなく，心の在り方という類型が病態水準論なのである。

　なお，フランスの精神分析家ラカン（Lacan, J.）の流れを汲む学派は，水準よりも構造をより重視し，誰もが神経症構造と倒錯構造と精神病構造のいずれかにある（小出，2008），と考える（今ではこれに普通精神病が加わる）。また，フランス精神医学が伝統的に精神病を急性相と慢性相とに分けて理解する点は，見立てにおいて意義深い。

（3）見立ての留意点

Cl の病態水準を理解することは，援助を行う上で大きな意義がある。例えば，心理療法における当面の目標が変わり，症状などの意味を一層考えることができ，リスクも考慮できるため，結果として Cl も Th やスタッフも《守り》を得ることになる。けれども，病理ばかりを考え，どの水準かという疑問に拘泥することは，反治療的に働くというパラドックス性には注意しておきたい。そして，この見立てには分析的な把握と同程度に，直観的な態度に頼った把握が必要であることも知っておくとよい。リュムケ（Rümke, H.C.）の「プレコックス感」は今でも精神病圏の見立てに資する感覚的な視座である。

日本では，統合失調症の軽症化が1960年代から囁かれ始め，神経症の概念は1980年代から（DSM-Ⅲ の輸入により）徐々に使われなくなり，境界例が専門家の間でよく議論されたのは1970〜80年代である（松本，2015）。教科書に出てくるような境界例や神経症は，今日，ほとんど出会わなくなったともいわれている。つまり，心の苦悩（病い）は時代の影響を受けており，故に狐憑き，神経衰弱，ヒステリーなど，時代の移り変わりとともに表舞台から退いた見方もある。現在の精神医療は，症状を重要視する思潮にある。そうした中でも，いわば心的な体系として Cl を捉えようとする病態水準論は，部分的な修正の必要性こそあれ，有用性は何ら衰えていない。病態水準論は DSM や ICD とは異なる哲学をもち，医学モデルとは別の視点をもたらすからこそ，心理職の専門性を支えるのである——心理職を精神科医のミニチュア版と定めて医学的診断を重視するなら，こうした考えは生まれないだろう。精神分析学派と相性の悪さを感じる人にも学んでおくことを推奨したい。

なお，心理検査に現れる各圏の特徴とはどのようなものか，との実践的な興味が出てくるかもしれない。この点については，ロールシャッハ

法について詳述した馬場（2017）などを参照してほしい。

（4）解離・自閉スペクトラム症・認知症

　上の古典的な病態水準論の範疇では捉えられない病理（＝個性），しかも精神科病院の仕事で求められる視点がある。ここでは，時代と共に注目された解離と自閉スペクトラム症（Autistic Spectrum Disorder：ASD）を病態水準との関連で取り挙げ，当初より病態水準論へ意図的に組み込まなかった認知症にも触れる。

　解離は日本では1990年代から活発に議論されるようになった。この語が混乱しているのは，症候や心理機制や疾患を指す語として，レヴェルを問わず使用されているためである（野間，2012）。症候に絞ると，解離はどの病態水準でも認められる。ただし，心理機制として見ると，神経症圏では解離が生じているためClは概ね安定しており，パーソナリティ障害圏では解離によっては安定を十分得られておらず，精神病圏では現実との乖離として解離がある，と要約できるかもしれない。見立てでは，どのような時にどの程度の解離が働き，解離がどのような得失を日常生活に生んでいるかという眼差しが肝要である。

　ASDが日本で注目されたのは2000年代からだろうか。行政用語「発達障害」がASDの議論を後押しした。ただし筆者は，ある臨床家が放った次の呟きを忘れることができない。「臨床家の頭を叩いてみると発達障害の音がする」。概念の普及によりASD特徴を見る姿勢も普及したが，多くの事柄をASDとして見ようとする行為が行きすぎてはいないか，注意せねばならないだろう。見立てとしては，統合失調症とASDとの鑑別が専門家の困難さとして時に口にされる。また，神経症圏やパーソナリティ障害圏のClがASD特性を一定以上有しているなら，それが具体的な課題・困難とどのように関連しているかを吟味する必要があ

る。なお，昨今の児童精神科には多くの人が訪れ，機関によっては初診が半年待ちといった状況である。子どもを見立てる時は，DSM-5の神経発達症群に加え，愛着とトラウマ，そしてそれらの複合という視点も持っておきたい。

解離とASDは病態水準論の確立後に注目された視点である。そのため，Thには病態水準という《自分の》モノサシに，これらをしっかり取り込むという課題がある。将来，新たな概念・疾患が表舞台に出ようとも，おそらく病態水準論は見立ての柱として今後も機能していくだろう。

慢性・進行性の脳器質疾患である認知症は，超高齢化社会が今後も続く日本において不可避のものである。DSM-5とICD-11はこれを，今後も精神医療が治療する対象として位置付けた。したがって，認知症を対象とした心理職の見立て作業は今後も増加するだろう。検査では，見当識や短期記憶やワーキングメモリーなどの諸特性がどれほどの障害を被っているかが吟味される。おそらく心理職の専門性とは，こうした認知の諸機能の程度を捉えつつ（本書第8章参照），Clのパーソナリティに配慮して見立てができる点にある。その際，病態水準論が一つのモデルとなる。

5. さいごに

心理療法の治療要因としてThのパーソナリティを考えるならば（Jung, 1929），見立てにおいてもThのパーソナリティが重要となる。したがって，Thは自らをよく理解し，発展させるために訓練を積み，理論を学んでいく。精神科病院での仕事を支える理論には，大きく精神病理学と生物学的精神医学の2つがある。精神病理学に対して，今日の

特に若手世代はほとんど目を向けない。けれど，ヤスパース（Jaspers, K.）やクレッチマー（Kretschmer, E.）などの海外古典から日本人の業績（例えば安永浩や木村敏や中安信夫など）に学ぶ姿勢を持ってほしい。心理的支援に携わる者にとって，精神病理学は必須の根底である（山中，2018）。生物学的精神医学の考え（神経科学や認知科学などからの理論や知見）も同じぐらい大切で，日進月歩に進展するこの分野の知を常に吸収する意識を持っていたい。病院は閉鎖的な所でもあるので，学ぶ意志を持たなければ自らもまた閉鎖的になり，時代に取り残されるだけでなく，仕事を改善できずに惰性的となって，結果，アセスメントすること，つまり Cl の利益のために働くことはできない。

　最後に，精神医療以外にも触れる。21世紀から医療における心理職の仕事は広がった。チーム医療のメンバーとして「精神科リエゾンチーム加算」や「救急患者精神科継続支援料」などで診療報酬（2018年4月の改訂現在）にも関わっており，がん診療連携拠点病院整備（厚生労働省）に関連して緩和ケアにおける配置も進んだ。旧来の内科系のみならず，外科や小児科や婦人科やリハビリテーション科などで活躍する心理職も増えている。この動きは心理職に対する社会の期待・要請と理解すべきであろう。これに応えるために，各々が文化に入り，自らの一部をそこに染めて学び，心理職の独自性と専門性を忘れることなく発揮していこうではないか。医療の将来は予測しがたく，医療という巨大システムに辟易しようとも，現場における地道な活動に従事する——政治的な動向からすれば矮小にみえる存在であろうとも！　一人ひとりの Cl と関係性を創造し，理解しようと努力し，向き合い続ける。医療で働く者の，これは務めである。

引用文献

馬場禮子『心理療法と心理検査』（日本評論社，1997）

Conrad, K.（1966）. *Die beginnende Schizophrenie : Versuch einer Gestaltanalyse des Wahns, 2. Aufl.* Stuttgart : George Thieme. 山口直彦ほか訳『分裂病のはじまり』（岩崎学術出版社，1994）

Engel, G.L.（1977）. The Need for a New Medical Model : A Challenge for Biomedicine. *Science*, 196(3), pp.129–136.

Guggenbühl–Craig, A.（1971）. *Macht als Gefahr beim Helfer, 3. Aufl.* Basel : S. Karger. 樋口和彦ほか訳『心理療法の光と影』（創元社，1981）

Jung, C.G.（1991[1929]）. Die Problem der moderen Psychotherapie. In. *Gesammelte Werke, Bd. 16, 5.Auflage.* Olten : Walter–Verlag. 横山博監訳『心理療法の実践』所収（みすず書房，2018）

笠原嘉『軽症うつ病―「ゆううつ」の精神病理』（講談社，1996）

河合隼雄・成田善弘編『境界例』（日本評論社，1998）

Kernberg, O.F.（1984）. *Severe Personality Disorders : Psychotherapeutic Strategies.* New Haven : Yale University Press. 西園昌久監訳『重症パーソナリティ障害』（岩崎学術出版社，1996）

小出浩之「精神病理学入門」小出浩之教授退官記念論文集編集委員会編『精神病理学の蒼穹』pp.1–38（金剛出版，2008）

松木邦裕『不在論―根源的苦悩の精神分析』（創元社，2011）

松本雅彦『日本の精神医学　この五〇年』（みすず書房，2015）

野間俊一『解離する生命』（みすず書房，2012）

大熊一夫『ルポ・精神病棟』（朝日新聞社，1981）

Sackett, D.L., Rosenberg, W.M., Gray, J.A. et al.（1996）. Evidence Based Medicine : What it is and What it isn't. *BMJ*, 312(7023), 71–72.

鈴木茂『境界事象と精神医学　新装版』（岩波書店，1999）

津川律子『精神科臨床における心理アセスメント』（金剛出版，2009）

山中康裕『少年期の心―精神療法を通してみた影』（中央公論社，1978）

山中康裕「精神療法家・心理療法家にとって，必須の根底」『精神療法』第44巻3

号，pp.390-392（金剛出版，2018）

参考文献

濱田秀伯『精神病理学　臨床講義　第2版』（弘文堂，2017）

岸本寛史『迷走する緩和ケア』（誠信書房，2018）

Sackett, D.L. et al.（2002）. *Evidence-Based Medicine, 2nd edition*. Edinburgh : Churchill Livingstone. エルゼビア・ジャパン訳『Evidence-Based Medicine』（エルゼビア・ジャパン，2003）

斎藤清二『関係性の医療学』（遠見書房，2014）

佐藤雅浩『精神疾患言説の歴史社会学』（新曜社，2013）

内海健『自閉症スペクトラムの精神病理』（医学書院，2015）

山中康裕・河合俊雄編『境界例・重症例の心理臨床』（金子書房，1998）

山内俊雄・鹿島晴雄ほか編『精神・心理機能評価ハンドブック』（中山書店，2015）

学習課題

1．精神科病院の外来と入院における検査の留意点を整理してみよう。

2．病態水準論の神経症圏とパーソナリティ障害圏と精神病圏の特徴を考えてみよう。

3．病態水準論による見立てと精神医学的診断との異同を考えてみよう。

12 | 教育場面のアセスメント

纐纈千晶

《**学習目標**》 スクールカウンセラーが学校（生活場面）に参与して，児童生徒や教職員の個性とその相互作用，および関係性を見立てる集団のアセスメントについて紹介する。
《**キーワード**》 学校システム，環境（場）の見立て，参与観察，多職種連携

----

1. 環境をアセスメントする

（1）学校を見立てる

　学校臨床（教育場面）におけるアセスメントは授業，休み時間，部活動，全校集会や行事など学校のさまざまな生活場面にスクールカウンセラー（以下，SCと略す*）が身を置き，児童生徒や教職員**とともに活動する中で行われる。これは「参与観察」といわれ，他の臨床領域でのアセスメントが相談室という堅固な枠の中で行われることに比べて独自性が強く，多くの点で学校という組織の在り方や機能，必要性に沿って実践的に発展してきたといえる。

　学校は地域コミュニティに密着した組織であり，風土も含め，どのような個性や背景をもった児童生徒や教職員が学校の構成員となるかによって，学校の体制や校風，特徴は大きく変化する。「荒れた学校」，「落ち着いた学校」のように表現されることもあるが，これは学校の一時的な側面にすぎず，児童生徒や教職員の入れ替わりによって集団内の相互

＊　本書の他の章では「心理職」を用いているが，本章では学校臨床の通例である「スクールカウンセラー（SC）」を用いる。
＊＊　「教員」は児童生徒に教える立場を指し，「教職員」は事務員，用務員等を含む。

作用は変化し，学校自体も変容するのである。これは，Bertalanfy（1968）が相互に影響を与え合うサブシステム（構成要素）の集合体として全体システムが形成されると述べた「一般システム理論」に基づく捉え方である。

　吉川（1999）が「学校という組織を理解するには，これまでの個人心理学の視点ではなく，システム論の立場が最も有効である」と述べて以降，学校臨床では「学校システム」という視点に基づいた実践や研究がなされている（長谷川，2018；八巻，2011）。

　SC が新しい学校に着任するときには，はじめに学校周辺の地域性，住民である児童生徒や保護者の特徴と生活の様子，教職員間の関係性などを含めた学校組織全体と，そのサブシステム（学年，学級，部活動，職員室など）の様子についてアセスメントを行うことが不可欠である。

　SC は校内のさまざまな場面で児童生徒の様子や行動を観察しつつ，休み時間には簡単な自己紹介をして話しかけるなど，侵襲的でない関わりを保ちながらアセスメントを始める。これは教職員に対しても同様である。SC の職務は基本的に後方支援なので，主張しすぎない，いわば黒子（くろこ）としての在り方が適切である。

　SC の着任直後には，管理職教員，各学年主任，生徒指導主事，教育相談担当教員，養護教諭，および各学級の担任教員などが会して，SC の関わりが必要と考えられる児童生徒や保護者について，その主たる問題，家庭背景，支援の難しさなどについて，SC に具体的な情報提供が行われることが多い。

　SC にとっては情報の内容自体に加えて，その事例についての教員の捉え方や関わり方をアセスメントする機会であり，学校から SC に求められる能力，必要とされる役割をふまえることができるという利点もある。

（2）集団を見立てる

　SC は，児童生徒のパーソナリティや行動，活動のアセスメントに加え，児童生徒と他者（友達・教員・保護者）との関係性や，個々の児童生徒が集団の中でどのような立ち位置にいるのかを捉えること，すなわち，「集団内における個人」という視点に基づいて児童生徒をアセスメントすることが必要である。学校内の集団で代表的なものは，同学年の児童生徒で構成される「学級」である。学級は学校のサブシステムの一つであり，担任教員と児童生徒の相互作用によって，その学級独自の特徴を有している。

　SC は学級で，児童生徒の学習への取り組み方，友達との交流の仕方，教員との関係性などを観察し，その集団力動をふまえておく必要がある。体育大会や合唱大会などは学級ごとの特徴がよく表れる場面であり，通常の授業では見られない児童生徒の表情や行動を目にすることもできる。

　また，SC には自分を集団内の 1 人として捉え，自身の感情の動きや言動，行動を常に俯瞰する SC 自身のアセスメントが必要である。八巻（2011）も学校臨床では「SC も含んだ学校システムで考えること」を意識する重要性を指摘している。

　児童生徒，保護者，教員と向き合う場合は，今，この発言をするべきか，もう少し待つべきかなど，瞬時のアセスメントを必要とすることが多い。心身ともに発達の途上にある児童生徒は，その日によって表情や態度がさまざまである。「昨日，はしゃいでいた女子が，今日は暗い表情でふさぎ込んでいる」，「仲のよい友達同士が急に激しいけんかを始めた」などは，どの学級や部活動でも見られることであり，学校におけるアセスメントは，日々繰り返し行っても十分とはいえないのである。

（3）支援の段階を見立てる

　学校臨床における支援対象の中心は児童生徒である。その大半は基本的に健康であり，一部の児童生徒に心身の不調や，学校を含む生活環境への不適応が生じることがある。そのため，学校臨床ではすべての児童生徒に対して，学校生活への適応状態をアセスメントし，日常的なレベルから専門的な介入を要するレベルまでの支援方法を適切に選択することが必要である。

　図12-1に石隈・水野（2009）の「3段階の心理教育的援助サービス」に基づいて，学校で行うことが必要な児童生徒への支援を示した。一次的支援はすべての児童生徒を対象に行う発達促進的，予防的な内容である。ソーシャルスキルトレーニング（SST），自殺予防プログラムなどの「心の健康教育」，発達障害の児童生徒も含めて「学級全体が理解で

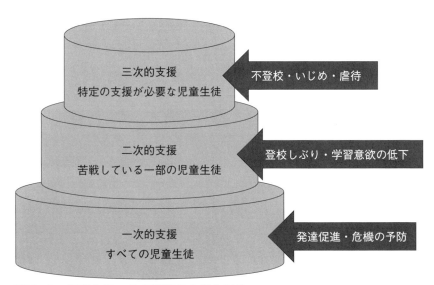

図12-1　児童生徒への3段階の支援と対象
　　　　石隈・水野（2009）に基づいて筆者が改変

きる授業づくり」などが含まれる。

　二次的支援は登校しぶり，学習意欲の低下，学級での孤立など学校生活で苦戦し始めている，また転校生など苦戦する可能性が高い一部の児童生徒への支援である。問題を早期に発見して教員が介入するためには，この段階でSCがアセスメントを行うことが必要かつ有効である。

　最後に三次的支援は不登校，いじめ，虐待，非行などの問題で特別な支援を必要とする児童生徒を対象に行う。専門的な介入が必要なので，教職員やSCと児童相談所，医療機関，弁護士，およびスクールソーシャルワーカー（SSW）など多職種間の連携・協働が必要である。

2. アウトリーチ

　アウトリーチは英語の「reach out（手を伸ばす）」を語源とする言葉で，支援者が必要に応じて「出向いていく」支援方法を意味する。当事者から要請がない場合でも，支援者が積極的に出向いていき，信頼関係を構築したり，支援の動機づけを行う，あるいは直接支援することである（舩越，2016）。

　学校臨床では，SCが校内を巡回して，児童生徒の日々の様子，さまざまな場面での出来事などを観察しながら，必要に応じて声かけや介入をすることが必要である。

（1）授業観察

　授業観察はSCが校内の学級や特別室（理科室，音楽室など），グラウンドなどを訪問する形で行う。突然に訪問することはあり得ず，事前に担任教員や教育相談担当教員との打ち合わせを行い，「気になる児童生徒」や「注意して見てほしいところ」など教員の希望をふまえてお

く。

　教員から発達障害の傾向，高不安がうかがえるなどの心配が挙げられた場合は，適宜，児童生徒に声をかけて応答の様子を見ることもある。ただし，授業観察は児童生徒にとって多かれ少なかれ侵襲的な意味をもつことを忘れず，特定の児童生徒に時間をかけることは避ける。

　児童生徒の様子や行動特徴とあわせて，教室や廊下に掲示された学習作品（絵・工作・習字・作文など）を観察することもアセスメントには有用である。もちろん上手・下手という評価の視点から見るのではない。古池（2018）が学習作品を「アセスメントの貴重な情報源となり得る」と述べているように，小学生の絵であれば，描画の発達指標に基づいて発達が年齢相応であるか見立てるのである。

　また，作文や感想文は文章だけでなく，文字の書き方にも注意する。小学生では「し」や「ま」が反転していたり，中学生では漢字の偏と 旁^{つくり} を逆に書く，偏と旁の間が開きすぎるなど，空間認知や目と手の協応動作に不得意がある児童生徒も見られる。その場合は，気になる点と支援の必要性を，具体的に教員に伝えることが大切である。

　授業の休み時間には学級内や廊下で児童生徒の自然な表情，友達や教員とのコミュニケーションの様子を観察することができる。SC に積極的に話しかけてくる児童生徒もいれば，SC の声かけに抵抗を示す児童生徒もいて，SC をどう捉えているかのフィードバックを受ける機会でもある。

（2）家庭訪問

　SC が行う家庭訪問には２つの目的がある。１つは長期不登校の児童生徒へのアセスメントと支援である。長期不登校はひきこもりにつながっているケースが多く，昼夜逆転の生活やネット依存がみられることが

多い。単親家庭や共働きの家庭では，児童生徒は日中，家で1人で過ごすことになるので，ますます生活リズムが乱れるという悪循環が生じてしまう。また，友達との交流もないので健康的な刺激を得られず，抑うつ傾向を示すこともある。担任教員とSCが同行して家庭訪問をしても反応がなく，対面することができないケースも多い。

　一方で，教員やSCの家庭訪問に対して抵抗が少なく，自然に会話ができる児童生徒もいる。このようなケースは定期的に訪問して，工作キットを一緒に作る，簡単な学習プリントに取り組むなど担任教員やSCとの共同作業を行うことで，学校に関心を示し始めることもある。

　SCはそうした児童生徒の変化を見逃さず，その子どもにとって心理的な負担がかからない登校の仕方をアセスメントして，教員と一緒に支援プログラムを考えていく。また，児童生徒が登校したときには，勉強に限らず，コミュニケーションなどでも無理せず取り組める課題を提示する，不安や緊張を緩和するためにアイスブレイキングを行うなど，児童生徒と教員の関係づくりに有効な方法を見立てることも求められる。

　家庭訪問の2つ目の目的は児童生徒の生活環境のアセスメントである。近年は「虐待」，「経済的困難」など児童生徒の家庭における問題が急増，深刻化している。保護者自身が発達障害やうつ病などの問題を抱えており，子どもの養育を適切に行うことが難しく，ネグレクト（育児放棄）がみられることも多い。玄関まで不要物や衣服，おもちゃなどが散乱する，いわゆる「ゴミ屋敷」も少なくない。

　子どもの教育以前に保護者の日常生活が不安定なので，登校を促すことは難しく，生活・経済面での支援が必要である。こうしたケースでは，SCとSSWが連携・協働して関わることで，心理学的視点と社会福祉的視点双方からのアセスメントが可能であり，具体的な支援方法の選択肢が広がる。

3．個別面接でのアセスメント

（1）児童生徒

　SC が心理面接で児童生徒と関わる場合，さまざまな理由で言語を用いることが難しいケースも多い。小学校１〜２年生の児童では言語発達が十分ではないので，SC に話したいことを，どのように伝えればよいのかわからないことがある。また，５〜６年生や中学生では思春期の特性として対人緊張が高まり，対話に不安や抵抗を示す児童生徒が増える。そのため言葉でのやりとりは子どもに強い負荷をかけてしまう場合もある。

　そうした子どもたちに，筆者は画用紙に「家・木・人」を入れて１枚の絵を描いてもらう描画法「Synthetic House-Tree-Person Technique (S-HTP)」を用いて関わってきた。これは「家・木・人」を１枚ずつ，計３枚描く Buck（1948）の描画法「House-Tree-Person Technique (HTP)」の変法である。Buck が，この３つを課題に用いたのは年齢を問わず誰にでも親しみがあり，描き手に自由な表現を促すからである。これは S-HTP でも同様である。

　児童生徒との関わりの中で描画を用いる利点は，「さびしい」，「楽しい」など絵から受ける印象は多くの人に共通しており，保護者や教員が児童生徒の心のうごきや変容を，絵を通して視覚的に理解できることである。また，中学生では，小学生よりも心理的に発達しているので，絵を描いている間も，描き終わってからも自分の心のうごきについて考える様子がみられる。描画後に SC から＜これは少しさびしいような印象を受けるけど，どうかな？＞など，決めつけない言い方で声をかけることで，対話や児童生徒の内省が促されることも多い。

　図12-2〜図12-4は，筆者が中学校で１年半の心理面接を担当した中

図12-2　学級不適応の事例Aの
　　　　S-HTP（面接初期）

図12-3　事例AのS-HTP
　　　　（面接中期）

図12-4　事例AのS-HTP
　　　　（面接後期）

学生女子AのS-HTPである。Aは対人緊張が非常に強く，学級への不適応が見られた。図12-2は心理面接の初期に描いた絵である。Aはこの絵を「崖の上の山小屋に少女が1人で住んでいる」と説明した。その設定とあわせて，筆圧の弱さや途切れがちな描線からはAの不安の強さが示唆された。

　図12-3は面接中期の絵である。不適応状態から徐々に回復して進学に意欲的な気持ちを示すように，大きな海を望遠鏡で眺める少女を描いた。面接後期に描いた図12-4では少女と少年が手をつないで，しっか

りと地面に立っている。図12-2，図12-3に比べて筆圧が強く，この時点で親友と呼べる友達を得ていたＡの心の安定がうかがえる絵である。

このように描画法では同じ課題を，一定の期間を置いて描いてもらうことで，児童生徒の心の変容や成長をアセスメントすることができる。それをSCから児童生徒に肯定的にフィードバックすることで，本人の自己理解や自尊感情を高める効果につながっていく。

（2）保護者

SCが保護者と心理面接で関わるケースは，小学校でも中学校でも相当数に上る。児童生徒本人よりも保護者との面接回数の方が多いことも珍しくない。これは，児童生徒では自分の問題を意識化することが難しく，面接への動機づけが大人に比べて低いためである。

保護者との心理面接で留意すべきことは，学校で児童生徒に何らかの不適応や問題が生じて悩んでいるのは保護者であるが，SCや教員による支援の中心に位置するのは，あくまでも児童生徒だということである。SCが保護者の悩みや労を受け止め，苦慮している状況を少しずつ変えていけるように一緒に考えることで，保護者だけでなく，児童生徒の後方支援につながることが重要なのである。

一方で児童生徒の問題から離れて，自分の幼少期の外傷体験，現在の対人関係のトラブルなどの訴えに終始する保護者も見られる。厳密にいえば，これも児童生徒と無関係とはいえない。しかし，その問題を学校での個別面接で取り上げることが適当であるかのアセスメントが必要である。適当ではないと判断した場合には，SCから保護者に外部の心理相談室や医療機関を紹介するなど，必要な支援を受けられるための対応を行う。

（3）教員

SC が教員と個別面接を行い，心理的な支援を行うことは頻繁にあるわけではない。しかし，現代における教員の職務は「世界一の長時間労働」といわれるほどの激務であり，うつや体調不良での休職も増加している。

教員に不調がうかがえる場合の早期介入として，SC が管理職教員から，教員の心理面接を依頼されることがある。これに対応する場合は，まず，SC 自身と面接対象である教員の関係性をアセスメントすることが重要である。

普段から児童生徒の様子や問題について，SC と積極的に情報共有し，円滑な連携を行っている教員は SC との心理面接にも抵抗を示さず，むしろ，自ら悩みや問題を話してくれることも多い。しかし，SC との関わりを好ましく思わない教員にとって面接は負担であり，教員としての自尊心を傷つけてしまう可能性が高い。

こうしたケースでは，「SC は後方支援に徹することが望ましい」という見立てを管理職教員や養護教諭に伝え，対象教員への直接支援を依頼する。SC 自身は対象教員へのアセスメントを継続して，態度や行動の変化を捉える。そして教員が積極的に行えること，無理をすべきではないことを見立て，有効と考えられる支援について管理職教員や養護教諭に助言することが適切である。

4．教員との連携

（1）情報共有

学校臨床では教職員と SC が児童生徒や保護者，および家庭環境について，できるだけ多くの情報を収集し，共有することが児童生徒を支援

する上で非常に有効である。一方で，心理職である SC が厳守すべき職業倫理として，心理面接でクライエントが話した内容を一切，他言しないという「守秘義務」がある。しかし，学校臨床の支援対象は児童生徒であり，その支援には SC と教員が情報を共有した上で連携・協働することが不可欠である。

　たとえば，母親から暴力や厳しい叱責を受けている児童生徒が，そのことを SC に打ち明けて「絶対に誰にも言わないで」と言った場合に，SC が何よりも守秘義務を優先して教員に必要な情報提供を行わないことは，児童生徒の支援にとって弊害となる。そのため，SC は児童生徒から知り得た情報について，その内容を教員など他の支援者に伝えることが適切な場合は，支援者間で秘密を共有して厳守するのである。これを「集団守秘義務」という。

　集団守秘義務は他の臨床領域でも用いられる言葉であるが，多職種が連携して支援に関わることが必須である学校臨床では特に重要とされている。ただし，SC が児童生徒や保護者から得た情報を教員と共有する場合は，誰に，どの順序で，どの程度詳しく伝えるかを考慮する必要があり，これを判断することもアセスメントの一部である。

　また，情報共有が必須であり，SC から教員に児童生徒の守秘内容を伝える場合には，その子どもの同意を得ることが適切である。児童生徒はこれを拒否することも少なくないが，一部の教員と SC で秘密を厳守することを伝えると承諾することが多い。

（2）コンサルテーション

　一般的なコンサルテーションとは，クライエントの支援を行う専門職（コンサルティ）が，そのクライエントにとって，より適切な支援を行うために，コンサルタント（自分とは異なる領域の専門職）に助言や指

導を求めるものである。学校臨床では教員がコンサルティ，SCが臨床心理学の専門知識をもつコンサルタントとされる。

　しかし，学校臨床におけるコンサルテーションは教員とSCが対等の立場で，それぞれの専門的な観点から意見を交換し，問題への対応を検討していく協議という意味合いが強い。同じ児童生徒のケースであっても，専門性の違いによって見立てが異なることもある。双方の意見をすり合わせることで，より専門性の高い支援を行うことが可能である。

（3）ケース（事例）会議

　長期不登校によるひきこもりや，保護者のネグレクトなど，支援が必要であるにもかかわらず，児童生徒や保護者と関わりをもつことが難しい事例を取り上げて，学校が行うべき支援や指導を検討することをケース会議という。

　ケース会議は管理職教員，生徒指導主事，教育相談担当教員，対象児童生徒の担任教員と学年主任，養護教諭，SC，SSWが出席することが一般的である。SCは心理学的視点からのアセスメントとして児童生徒や保護者の心理状態や予測される行動などについての助言を行うことが多い。

　また，1節1項で述べたようにSCにとってケース会議は，児童生徒の行動や問題に対しての教員の捉え方，支援への積極性などをアセスメントできる場面でもある。

5．外部機関との連携

（1）知能検査への対応

　SCが学校で知能検査を行うことを禁止している市町村教育委員会は

少なくない。医療機関や教育相談センターなどの専門機関以外での実施では診断や処遇について責任の所在が曖昧なためである。従って，知能検査についての SC の職務は，対象である児童生徒の特性や行動特徴についてアセスメントし，検査が必要と考えられる場合には医療機関や教育相談センターなど適切な専門機関に検査を依頼することである。これをリファー（refer）という。

　リファーの際には，SC が児童生徒の日常の様子（得意・不得意，学習への取り組み方，集団での関わりなど）や，言動や行動で気になる点について情報提供書を作成し，受検する専門機関に提出することが望ましい。そして，受検後は専門機関の所見に基づいて，SC が児童生徒の保護者と教員に検査結果について説明することが必要である。

　その際は専門用語の汎用は控え，所見内容と児童生徒の日常での様子をすり合わせて，その子どもが学校で安定して過ごせるための具体的な支援方法を提案することが有効である。そのためには SC が知能検査の実施方法，結果の分析についての知識と経験をもち，検査に習熟している必要がある。

　現在，小学生と中学生にはウェクスラー式知能検査の児童用である WISC-IV を実施することが一般的である。WISC-IV の検査内容と実施方法については第 7 章に述べられている。

（2）教育支援センター（適応指導教室）

　教育支援センターとは，学校への復帰を目的として，不登校の児童生徒に学習支援，集団生活への適応支援を行う教育施設である。市町村の教育委員会によって学校関連の公共施設や，場合によっては小学校・中学校内の余裕施設に設置されている。指導員は教員経験者を中心に心理職や大学生のボランティアが務めていることが多い。

　教育支援センターの指導内容や方法などは市町村によって異なるが，児童生徒の在籍校と連携を取りながら，子どもの心理的な安定，集団への適応，生活習慣の改善，基礎学力の補充などを目的とした活動プログラム（学習，料理，園芸，手芸，イラスト，スポーツ，キャンプなど）が組まれている点は，どの市町村でも概ね共通している。教育支援センターへの通所は，学校長の判断で学校への出席として扱われることも少なくない。

　また，SC は教育支援センターに通所する児童生徒の保護者面接を在籍校で担当することも多い。児童生徒と直接関わりがない場合でも，SC は保護者の心理面接，教員とのコンサルテーションやケース会議を通して，その子どもが教育支援センターにどの程度通所し，どのような活動をしているかをふまえて，環境への適応について間接的なアセスメントを継続する。その見立てを保護者や教員に具体的に伝え，助言することが児童生徒への後方支援につながるのである。

　また，これからの SC には児童生徒の心理的・行動的問題に対する支援と併せて，心の健康についての予防的な関わりが求められている。

　児童生徒が自分のストレスや怒りの感情に気づくことを促し，それを自分でコントロールできるよう心理教育を行うこと，教員に心理教育の実践方法を教示，助言することは，SC にとって必須の職務となる。

引用文献

Bertalanffy, L.Von（1968）General Systems Theory, Foundations, Development, Applications.　George Braziller. 長野敬・太田邦昌訳『一般システム理論』（みすず書房，1973）

Buck, J.N.（1948）The H-T-P Technique : A qualitative and quantitative scoring manual. *Journal of Clinical Psychology*, 4, pp.317-396.（加藤孝正・荻野恒一訳）『HTP 診断法』（新曜社，1982）

舩越知行編著「地域における心理援助と支援の基礎」『心理職による地域コンサルテーションとアウトリーチの実践―コミュニティと共に生きる』（金子書房，2016）

石隈利紀監修・水野治久編「学校心理学の「最前線」と学校教育の可能性」『学校での効果的な援助をめざして―学校心理学の最前線』（ナカニシヤ出版，2009）

古池若葉「学校でする子どものアセスメント②絵画・表現・情緒表現の本質を見つめて」『子どもの心と学校臨床』，18，pp. 20-27.（遠見書房，2018）

八巻秀「システム論で学校を見るということ」『子どもの心と学校臨床』，5，pp. 20-28.（遠見書房，2011）

吉川悟『システム論からみた学校臨床』（金剛出版，1999）

参考文献

長谷川智広「学校のアセスメント―そのポイント」『子どもの心と学校臨床』，18，pp.56-63.（遠見書房，2018）

学習課題

1．これからの学校臨床でスクールカウンセラーに求められる役割とは何かを考えてみよう。
2．学校における多職種連携の有用性と課題について考えてみよう。
3．スクールカウンセラーとスクールソーシャルワーカーが学校に導入された経緯について調べてみよう。

13 │ 福祉場面その他のアセスメント(1)

永田雅子

《**学習目標**》 子育て支援・障害児者支援の領域におけるアセスメントの内容，対象，留意点などについて紹介する。特に発達や親子関係といった視点から解説を加える。
《**キーワード**》 子育て支援，障害児者支援，発達障害，親子関係のアセスメント

1. 福祉場面における現代的課題

　少子・高齢化が進んでいる中，人のライフステージにそった支援の構築が求められるようになってきている。人が，生まれてから，その生を閉じるまで，健康で，適応的に生活できるように，いかに支援の体制を整えていくのかが課題となってきている。一方で，社会の変化の中で，子どもの育ちや子育てをめぐって貧困・虐待，発達障害などが大きくクローズアップされるようになるとともに，認知症をはじめとした高齢者への支援も急務となってきている。福祉の領域では，子育て支援，障害児者支援，高齢者支援という3つが大きな柱となっており，この章では，子育て支援と障害児者支援に焦点をあててスクリーニングを中心としたアセスメントについて解説していく。

2.　子育て支援の領域におけるアセスメント

（1）子育てを巡る状況

　少子化が進み，周囲に子どもの姿をみかけにくくなってきた現代では，子どもを妊娠・出産してはじめて子どもを抱っこしたり，ケアをしたりしたという人も少なくなく，また自分が育った地域から離れて子育てをすることが多くなってきている。これまで地域の中で，世代をこえて子育ての伝承やサポートが機能していた時代から，社会全体として，子どもと，子どもを養育する家族を支えていくシステムを構築していくことが必要になってきている。2017年からは，「妊娠期からの切れ目のない支援」がうたわれるようになり，市区町村で，「子育て世代包括支援センター」の整備が義務付けられ（努力義務），妊娠・出産・子育ての一連のプロセスを，様々な領域の専門家が連携しながら支援をしていくような体制が整えられるようになってきた。そうした流れの中で，すべての赤ちゃんと家族に支援を届ける１次支援，要支援の家庭に届ける２次支援と，虐待等ハイリスク家庭に対する３次支援を包括的に行うようなシステムが整えられつつある。

（2）親のメンタルヘルスのアセスメント

　子どもを妊娠し，出産するまでは，産科クリニックあるいは助産院等を定期的に受診し，胎児と母体の健康状態についてチェックが行われていく。これまでは母体については，身体的なケアを中心に健診等が行われてきたが2017（平成29）年に日本産科婦人科学会がだした診療ガイドラインの産科編で，妊婦の精神疾患の既往を確認することが明記されたこと，2017（平成29）年度に厚生労働省の通知により，産後２週間および１カ月の産婦健診で産後うつ病のスクリーニングテストを実施するこ

とでの助成が始まるなど，母親のメンタルヘルスに焦点が当てられるようになってきている。また，精神疾患を抱える妊産婦について周産期医療機関と自治体の連携が求められるようになってきている。

　新生児期～乳児期によく使われている母親のメンタルヘルスのスクリーニング検査は，エディンバラ産後うつ病自己記入式質問票（Edinburgh Postnatal Depression Scale : EPDS）である。EPDS は，10項目と項目数も少なく，カットオフ値が定められているため，支援が必要な人を拾い上げることが可能である。産後のうつ病に特化した質問項目となっており，負担なく実施してもらいやすいというメリットがある。産後うつ病の母親は約１割と指摘されており，親子の相互作用に影響を与えることがわかってきていること，心理社会的な支援が有効であり，地域の中での見守りにつなげていくことが推奨されている。産後うつ病の背景要因としてうつ病等精神疾患の既往や，妊娠・出産時のストレスイベントの有無，サポートの欠如が指摘されており，子どもが生まれるまでの家族を含む状況についてもアセスメントをしたうえで支援の方針を立てていく必要がある。また，子育ての時期でもうつ状態を呈する親は少なくなく，特に発達障害等育てにくいとされている子どもの母親の抑うつは強いこともわかってきている。子育て支援の枠組みでは，親としてどう機能できているかというところに着目されやすいが，親自身のメンタルヘルスの状況にも注意を向けていく必要がある。

　また，最近では，親から子どもへの Bonding にも注目をされるようになってきており，虐待の予防的な介入につなげることを目的として，新生児訪問等で「赤ちゃんへの気持ち質問票」が使われているところもある（吉田ら，2005）。EPDS およびサポートの状況をあわせて聴取することで，母親の精神状態，子どもとの関わり，母子を取り巻く状況を把握することができ，必要な支援を検討することが可能となる。こうした

質問紙法は，初めて会っただけでは把握しにくい精神状態や，赤ちゃんとの関係をとらえるスクリーニングとして，有用であると同時に，支援の糸口となりやすい。一方で，社会的望ましさが反映されやすく，得点が低いからといってリスクがないわけではないことに注意をしたい。また本人に今の状態について意識化させることになるので，ただ記入してもらうだけではなく，点数がついた項目について一つ一つ聞いていくことで，本人のつらさを受け止め，一緒に考えていくこと，またそうした思いを受け止めてくれる人が周りにいるかどうかを確認し，本人を取り巻く状況と合わせて複合的にアセスメントをし，必要で利用可能な支援に結びつけていく必要がある。

　またこうしたスクリーニング検査は，多くは助産師や保健師が実施し，心理職には点数が高いあるいは，気になる母親としてつながってくることが多いだろう。一方で，気になる母親すべてに心理職が直接支援をする必要があるわけではない。助産師や保健師，保育士などの一次的な関わりが母親の不安を和らげ，子どもとのかかわりを支えることができることも多い。しかし，保健師などの他の専門職は，こころのケアの専門家ではなく，母親の訴えに戸惑ったり，対応に不安を感じたりすることも少なくない。そのため，他の職種が母親とその赤ちゃんを安心して支えていくことができるように，スクリーニングの結果や，他の専門職からみた母子の様子を確認し，心理職としての見立てを伝え，かかわりのアドバイスを行うことで，場自体を支えていくことも大事な役割となっていく。

（3）子どもの行動や状態像のアセスメント

　親だけでなく，子ども自身の発達の状況や，状態をとらえることも大事な視点となってくる。発達検査は，6章であつかっているため，ここ

では，子どもの行動や状態の把握のアセスメントについて取り上げる。

　人は生まれた時から個性を持って生まれてきており，生まれた赤ちゃんがどういった特性を持っており，環境との相互作用でどういったことがおこっているのかをアセスメントをすることで，家族の子どもとの関わりを支えることができる。安定した状態を保って，周囲との関わりの中で落ち着いていくことができる赤ちゃんもいれば，ストレスサインを出しやすく，運動系が未熟で自分で落ち着きにくく，なだまりにくい赤ちゃんも存在している。そうした赤ちゃんの要因は，前者であれば母親としての自分を支えてくれるだろうし，後者であれば，子育てや，自分のかかわりに自信を無くしてしまうことにつながることもあるだろう。特に，低出生体重などなんらかのリスクを持って生まれてきた赤ちゃんは，未熟性が強く，育てにくいと感じる親も少なくない。赤ちゃんの特性をとらえることは，親の育て方やかかわり方が悪いからではなく，より赤ちゃんに適した関わりを調整していけばいいという見方へとシフトしていくことが可能となる。赤ちゃん自身を対象としたアセスメントでは，ブラゼルトン新生児行動評価（Neonatal Behavioral Assessment Scale；NBAS）がある。近年，新生児行動観察（Newborn Behavioral Observation System；NBO）へと発展し，介入のツールとして活用されるようになっている。NBO は，赤ちゃんの行動を家族と共に観察し，赤ちゃんの反応や個性を知ることで，赤ちゃんの力強さを共有し，家族のかかわりを促進することを目的としたものであり，産後うつ病の母親や心理・社会・経済的なリスクを抱えた家庭への養育支援訪問などに世界的に取り入れられるようになってきている。

　成長し，1歳半を過ぎるころになると，保健センターで行われる乳幼児健康診査による発達や養育のスクリーニングが行われるようになっていく。社会性や行動のアセスメントについては，次の節で扱う障害児者

支援の項で解説を行う。

（4）親子関係のアセスメント

　3歳までの乳幼児の場合，親と子の一体感が強く，それぞれの要因が影響しあうため，親のみ，あるいは子どものみをみるのではなく，親と子の間で何がおこっているのかをアセスメントしていくことが必要となる。子どもが同じ反応や行動をしめしていたとしても，そこに何を読み取るのかは親によって異なり，ポジティブなメッセージを子どもから受け取る親もいれば，子どもから拒否されている，怒りを向けられているとネガティブなメッセージを読み取る親もいる。親が子どものどういった反応や行動に何を読み取っており，どういった思いで子どもとのかかわりが生じているのか複合的に見ていく必要がある。

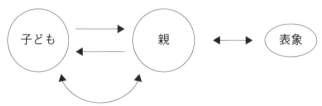

図13-1　親と子，親子関係のアセスメントの視点
（永田，2002を改変）

（5）乳幼児健診の場におけるアセスメント

　1歳を過ぎてくると子どもも一言二言話せるようになったり，歩けるようになったりして，その中で発達の心配がより意識されやすくなってくる。日本は，乳幼児の健診システムが整えられており，3-4カ月，8-9カ月，1歳半，3歳という発達の key age に無料の健康診査が行われている。身体発達だけでなく，ことばや社会性の発達，親子関

係など多面的にアセスメントが行われ，親の相談に乗るとともに，次の支援機関につなげていく役割を担っている。この健診システムは，全国的にも90％以上の受診率を保っており，保健師だけではなく，医師や，心理職など様々な職種が協働で行っている。そこでは，受付から，身体測定，保健師による面談，医師による診察といった個別での健診だけではなく，集団場面を設定し，子どもの様子や親子のかかわりも含めて，アセスメントが行われていく。多くの自治体では，個別の相談の場として心理相談の場が設けられており，健診時の状況により，発達や育児で心配とされた子どもとその親がつながってくるが，相談室の中だけでなく，健診の場に出向き，受付から健診が終わるまでの一連の流れの中で，子どもの行動観察や，親子のかかわりを幅広くとらえておく必要がある。また，事前に保健師からもこれまでの経過の報告をうけたうえで，個別相談に対応していくことが望まれる。健診の場は１回きりの出会いの場となることが多く，１回で正確なアセスメントや支援の方針をだしていく必要がある。簡易的な発達検査を実施したり，あとに説明する発達障害のスクリーニング等を活用しながら，健診全体の中で心理的アセスメントを行い，親に子どもの状態やかかわり方についてガイダンス面接を行っていく。健診後はカンファレンスが行われ，医師，保健師，保育士をふくめた多職種で，情報が共有され，支援の方針が決められ，積極的な子育ての支援が必要な場合は，子育て支援を主に担う機関へ，子どもの発達に支援が必要だと判断された場合は，障害児者支援を担う機関へ，虐待等，専門的な介入が必要と判断された場合は，児童相談所等の専門機関との連携がなされ，対応が行われていく。障害児者支援でのアセスメントは，次の節で，虐待等が疑われた場合のアセスメントは，第14章で解説を行っていく。

3.　障害児者支援

（1）障害児者を巡る社会状況

　2011（平成23）年に改正された障害者基本法において，障害者は，身体障害，知的障害又は精神障害（以下「障害」と総称する。）があるため，継続的に日常生活又は社会生活に相当な制限を受ける者として定義された。これまでの心身の機能的損傷という「障害者の医学モデル」から，社会的障壁から障害「状態」の判断をするという「障害者の社会モデル」へと考え方が転換された。2004（平成16）年の発達障害者支援法の制定により，発達障害も福祉政策の中でも障害者支援の対象として位置づけられ早期発見，早期支援が推奨されたこと，障害者総合支援法をふくむ一連の法整備の中で，保育園をふくめた学校教育の中で，また福祉サービスの利用の際に，個別の支援計画を作成することが求められるようになってきた。こうした流れの中で，これまで以上にアセスメントを正確に行い，支援に結び付けていくことが求められるようになってきている。また福祉や教育領域だけではなく産業領域においても合理的配慮を行うことが義務づけられ，障害特性が適応の困難さにつながらないような配慮をしていくための適切なアセスメントが必要とされてきている。また最近では生活困窮者や生活保護受給者の中に，福祉制度の枠組みの支援に結び付いていない知的障害や発達障害，精神疾患の方が多く含まれることもわかってきている。そのため，障害児者として福祉制度の枠組みでの支援をうけていない場合であっても，何らかの適応の困難さを抱えている場合，その背景に，知的な遅れや精神疾患などが背景要因として考えられないかアセスメントを行うことも必要となる。

　アセスメントを行う際は，①生育歴を確認する，②障害特性を把握する，③他の身体や精神疾患等の合併の有無を確認する，④適応状況や適

178

応能力を把握する，ことで包括的アセスメントを行い，本人の持ってい
る特性が，どういった適応の困難さにつながっているのか，環境などの
影響因をふまえて分析をすることで，個別の支援計画を策定していくこ
とが望ましい。
　ここでは，発達・知能検査のほかに活用されることの多いアセスメン
トツールのいくつかについて解説していく。

（2）発達障害のアセスメント

　全体的な発達が遅い場合，運動や，生活，言語など，あらゆる領域で
の発達に遅れがみられるため，発見しやすく，また発達検査や知能検査
を実施することで，全体の遅れを把握することができる。一方，発達障
害の場合，発達のアンバランスさが特徴のため，年齢が低いほど気づか
れにくく，支援につながりにくい。早期支援，早期介入の効果が報告さ
れてきており，できるだけ低年齢の段階で，発達障害の特性をもった子
どもたちをスクリーニングし，適切な支援に結び付けていくことを目的
として，いくつかのテストが用いられるようになってきている。スクリ
ーニングのテストには，広く多くの方に実施し，その特性を把握する1
次スクリーニングと，より精度の高い2次スクリーニングが存在してい
る。ここでは，発達障害の中でも，社会性の困難さが中心となる自閉ス
ペクトラム症（ASD）に焦点をあてて，解説を行う。

（3）ASD のスクリーニングツール

　1次スクリーニングで比較的よく使用されているのが，M–CHAT
（Modified Checklist for Autism in Toddlers）である。M–CHAT とは，
Baron-Cohen らによって開発された乳幼児自閉症チェックリストを，
Robin らが，2歳前後の幼児を対象として修正を加え発展させたもので

ある。全23項目からなり，各項目に対して「はい」「いいえ」で答える親記入式の質問紙である。スクリーニングの基準には，全23項目中３項目以上不通過，あるいは，重要６項目（他児への関心，興味の指差し，興味のある物を見せに持ってくる，模倣，呼名反応，指差し追従）のうち２項目以上不通過の２つが採用されており，基準値を超えた場合は，不通過項目を中心に発達状況を詳しく確認するとともに，児の行動観察や発達検査など複数の尺度を用いて包括的な発達評価を行うことが推奨されている。陽性的中率が高いことから，世界的に使用されており，日本でも１歳半児健診などで導入され，発達障害，特に ASD の早期発見に活用されるようになってきている。

　現在，日本で ASD が疑われた場合の２次スクリーニングの目的で使われる質問紙に，AQ（Autism-Spectrum Quotient, Baron-Cohen et al., 2001），AQ 児童用（Baron-Cohen et al., 2006），Social Communication Questionnaire（Rutter et al., 1999）などがある。いずれも，記入時間が10〜20分程度と短く，採点も簡便であり，カットオフ値を超えれば ASD の可能性が強く示唆されるため臨床的に有用とされている。面接式の２次スクリーニングとしては，PARS–TR（Parent-interview ASD Rating Scale-Text Revision, PARS 委員会, 2013）がある。３歳以上の子どもの主たる養育者を対象とした半構造化面接であり，過去の評点，現在の評点をそれぞれ算出して対象児者の適応困難の背景に，ASD の特性が存在している可能性を把握することができる。実施時間が30〜60分と短く，臨床現場で使用しやすいものとなっており，その項目や評定を知っておくことは，日常の臨床の場の中で活用可能である。

（4）確定診断の補助的ツール

　確定診断の補助的に使われているのは自閉症診断面接改訂版

（Autism Diagnostic Interview-Revised：ADI-R）（Rutter et al., 2003）と自閉症診断観察検査第2版（Autism Diagnostic Observation Schedule, Second Edition：ADOS-2）（Lord et al., 2012）であり，いずれもアメリカ精神医学会の診断マニュアルである DSM に対応している。一方で，実施には認定資格が必要とされており，多くの所定のおもちゃを使用するため，発達障害を専門とする医療機関等で導入されている。

（5）適応状況のアセスメント

　現在では，IQ だけではなく，適応の困難さがどれだけあるのかということが福祉サービスを提供するうえでの基準となってきている。本人の適応状況をアセスメントするためには，本人のコミュニケーションの取り方や対処の仕方の特徴，生活の様子，使える資源などを事前あるいは面接等で確認をしていく必要がある。本人への面接，行動観察ともに，必要に応じて本人が生活している場での聴取を行うことで，本人が現在どんなことに困っていて，どういった支援が必要（可能）なのかについて検討をしていくことが必要である。本人が適応に困難さを抱えていたり，困ったことが起こっていたりする場合，「問題となっていることがどのような場面で起こりやすく，逆にどんなときには起こりにくいのか」「問題行動が起こるきっかけになったことはあるのか，逆に起こさずにすんだ場合は何が違うのか」「問題行動が続くことで何か得ているメリットはないのか」といった機能アセスメントの視点が有用となる。

　またこれまで日本では，適応状況について標準化された尺度が存在しなかったが，2014（平成26）年に Vineland-II（Vineland Adaptive Behavior Scales Second Edition）の日本版が刊行され，適応行動の発達水準を幅広くとらえられるようになった。Vineland-II は，標準得点で相対的な

評価を行うとともに，「強み（S）と弱み（W）」「対比較」等で個人内差を把握することができ，対象者の様子をよく知っている回答者（保護者や介護者など）に半構造化面接を行うものである。尺度の中には，コミュニケーション，日常生活スキル，社会性，運動スキル，不適応行動の5つの領域でとらえることができるようになっており，対象者の適応行動の全体的な発達水準がわかるようになっている。

4．多職種・多機関の連携とアセスメント

　福祉領域は，心理職だけではなく，様々な職種と協働・連携をしながら支援をしていくことが求められる。これまで，福祉領域の場では，エビデンスが確立された介入方法を，専門的な訓練をうけた専門家が担うのではなく，それぞれの地域や機関で，手探りで支援の在り方を検討して整えられてきたものが多かった。そのため支援の対象者の特性が十分にアセスメントされないまま個別の支援計画が立てられていることも少なくなかった。支援につながるアセスメントを正確にしていくためには，問題となっている困難さの背景要因としての原疾患の有無や医学的知見，本人を取り巻く家族や環境の要因，子どもや家族が生まれてから今にいたるまでの生活史などを把握したうえで，必要に応じて標準化されたアセスメントツールを活用することが必要となる。そうした包括的なアセスメントに基づいて正確で適切なフィードバックを行っていくことが望ましい。またうつ病や強迫性障害，不安症などを呈し，投薬等の精神科治療が適用となるなど，必要に応じて医療につなぐことが必要となる場合も存在するので注意が必要である。

　どういった場合においても，心理的アセスメントは，支援される人の立場に立った支援の方針を立てることで，その人が生活する場における

支援の質を上げることを目的としていることを忘れてはならないだろう。

参考文献

石井道子・辻井正次・杉山登志郎『可能性のある子どもたちの医学と心理学』(ブレーン出版，2002)
辻井正次監修，明翫光宜編集代表，松本かおり・染木史緒・伊藤大幸編『発達障害児者支援とアセスメントのガイドライン』(金子書房，2014)
永田雅子著『新版　周産期のこころのケア―親と子の出会いとメンタルヘルス』(遠見書房，2017)
吉田敬子監修，吉田敬子・山下洋・鈴宮寛子著『産後の母親と家族のメンタルヘルス』(母子保健事業団，2005)

学習課題

1．育児困難につながる要因を子ども，親，環境のそれぞれの側面から調べてみよう。
2．発達障害の診断の考え方の変遷を調べ，特性の理解のために必要なアセスメントのあり方を考えてみよう。

14 | 福祉場面その他のアセスメント⑵

永田雅子

《**学習目標**》 虐待および高齢者支援でのアセスメントについて取り上げるとともに，司法領域でのアセスメントについても解説する。特にこの領域では，心理アセスメントをする機関によって役割や目的が異なるため，機関によるアセスメントの特徴，対象，留意点などについて紹介する。あわせて現実生活での適応の見立てという視点から説明を加える。

《**キーワード**》 高齢者支援，虐待，包括的アセスメント，現実生活での適応

---

1. 私たちを取り巻く社会の状況の変化

　日本では，少子高齢化が急速に進んでおり，2017（平成29）年時点で，日本の高齢化率（高齢人口の総人口に対する割合）は27.3％，50年後の2060年には39.9％となると見込まれている。一方，合計特殊出生率（1人の女性が15歳から49歳までに産む子どもの数の平均）は，1975（昭和50）年以降，低下傾向が続き，2005（平成17）年には過去最低である1.26まで落ち込んでいる。そうした状況の中，高齢になっても健康で過ごせる環境づくりや少子化対策として，子育て支援の充実や男女の働き方改革の進展等が求められるようになってきている。厚生労働省の2015（平成27）年1月の発表によると，日本の認知症患者数は2012（平成24）年時点で約462万人，65歳以上の高齢者の約7人に1人といわれるようになり，その支援や対応が急務の課題となってきている。また少子化がすすむ中，2017（平成29）年度中に，全国の児童相談所が児童虐

待相談として対応した件数は133,778件と増加をしてきている。その背景には，心理的虐待をふくめた虐待に対する意識が高まってきたことや，警察等との連携が強化され，各機関からの通告の増加が背景にあるとされている。ここでは，高齢者支援と，虐待の対応におけるアセスメントについて取り上げていくとともに，司法領域でのアセスメントについて解説する。

2. 高齢者支援

　高齢化社会になり，2017（平成29）年の65歳以上の人口の割合は27.3％であり，総人口の3分の1を占めるようになってきている。平均寿命も男女ともに80歳以上となってきた一方，加齢により，生活機能が衰えてきたときの介護や，認知症への対応ということがこれまで以上に求められるようになってきている。特に，認知症は加齢によるものとして見過ごされやすく，認知症が進行してから判明することも少なくない。認知症は，進行すると状況の判断や自立した生活を送ることが難しくなるため，早期診断，早期治療が必要とされている。医学的な介入と同時に，これまで送ってきた日常を支え，いかに適応的に生活してもらうのかという視点も欠かすことができない。そのため，今までできていたのかどうかではなく，今，どういったことができるのかということをアセスメントすることが重要であり，今の状態に応じた支援計画を立てることが必要となってくる。

（1）認知症のアセスメント
　認知症の方への支援を考えるうえでは，生物—心理—社会的な側面からアセスメントを考えていく必要がある。まずは，認知症の原因疾患が

何であり，その疾患はどういった症状を合併し，どういった経過をたどるのかということや，認知症以外の身体的合併症があるのかないのかといった生物学的な側面からのアセスメント，認知機能にどのくらい障害があり，生活にどのくらい支障をきたしているのか，認知症にともなう抑うつや不安，興奮，暴言，妄想といった精神症状であるBPSD（behavioral and psychological symptoms of dementia：認知症に伴う行動・心理症状）の程度はどのくらい呈しているのかという心理的側面からのアセスメント，そしてその人が日常生活を送っていくうえで活用できる支援はどの程度あり，家族との関係や経済的な問題など社会・環境的な要因はどうなのかなど社会的側面を含めた包括的なアセスメントを行っていくことが重要となってくる。心理職に求められるのは主に心理的な側面からのアセスメントではあるが，医学的な診断やその疾患の理解をふまえたうえで，心理的な側面からのアセスメントを行うこと，また社会・環境的な要因を考慮したうえで，その人の支援やケアにつながるフィードバックを行っていかなければならない。そのため，医療者やケースワーカー，保健師などほかの専門職とチームを組んで，アセスメントを行い，支援の計画を立てていく必要がある。

　高齢者の心理的アセスメントにおいて，一番求められるのは，認知症の程度の判断である。その人が今，どの程度のことが理解できていて，何ができて何ができないのかをアセスメントをすることは，その人の支援計画をたてるうえでの土台となっていく。現在，日本では，認知症の程度を把握するための検査として，MMSE-J 精神状態短時間検査（Mini Mental State Examination-Japanese）と，長谷川式認知症スケール（Hasegawa Dementia Scale-Revised：HDS-R）が使われることが多い。短時間で，負担も少ない形で実施できることから，医療機関をはじめとして多くのところで活用されるようになってきている。具体的なア

セスメントツールについては8章で取り上げているので参照してほしい。

（2）生活の中でのアセスメント

　認知症の診断は医療機関や専門機関で行われるが，認知症の方が生活をするのは地域の場であり，生活の中での支援を行っていくことが基本となる。地域での支援は，専門機関で行われた包括的アセスメントの結果をうけて，高齢者が生活をしている場で，できることを最大限に生かしながら生活できるように支えていく，生活の中の治療となる。特に，認知症の場合，現段階では根治は難しく，症状が進行していくため，支援の中心は介護となる。そのため各支援機関および専門職が，それぞれの立場から，高齢者の状況を突合せ，今どういう状態で，生活をするうえで何が可能で，どんな支援が必要かについてアセスメントし，各職種が役割を分担しながら連携することで，ケアマネジメントを行っていく。自分が所属するのが病院なのか，行政機関なのか，施設なのかによって心理職に求められる役割は異なるものとなってくるため，チームの中での自分の位置づけや役割を十分意識したうえで，心理の専門家としてのアセスメント結果をフィードバックしていく必要がある。

3．虐待など緊急対応が必要な場合のアセスメント

（1）虐待とは

　虐待は子どもの心身の発達を阻害し，人格の形成に重大な影響を与えるとともに，重篤の場合は死に至らしめることもある。また虐待を受けた子どもたちが大人になって，適応の困難さを抱え，親となった時に虐待を繰り返すことが指摘されており，虐待を予防するための育児支援の

体制を整えていくと同時に，虐待を受けた子どもたちへの心のケアもしていくことが急務となってきている。児童虐待防止法で，虐待は保護者および児童を現に監護する者による児童への暴力（身体的虐待）や性行為の強要（性的虐待），暴言など積極的に子どもの心に傷を負わせる（心理的虐待），必要な愛情や栄養，保護を与えない（ネグレクト）の４つが定義されており，保護者の意図とは無関係に子ども側にとって有害なものかどうかで判断されることになる。現在では，児童虐待が疑われる児童を発見したものは，福祉事務所又は児童相談所に通告しなければならない（児童福祉法第25条）とされており，通告があった後，児童相談所は，虐待の有無・程度により，在宅か，親子分離が必要かを判断し，支援の方針を立てていく必要がある。特に，一時保護等，親子の分離を行う場合は，親子双方への影響が大きいため，適切な判断をするための，専門的な情報収集と評価が必要となってくる。その家族が抱えているリスクの程度をアセスメント基準と照らし合わせて，緊急介入や緊急保護の要否の判断を行っていく。

（２）虐待の包括的アセスメント

　虐待が疑われる家庭への対応を行う場合，児童福祉司による社会的アセスメント，児童心理司による心理的アセスメント，医師による医学的診断，一時保護所の指導員や保育士による行動の側面のアセスメントなどを総合的に判断して包括的アセスメントが行われることになる。社会的アセスメントでは，虐待の内容，頻度，危険度の判断，家族の現状，子どもの生育歴，キーパーソンや社会資源などの調査が行われる。できる限り，保護者の意見を聞き，家庭環境や親子関係の実際の状況を確認していく。また当事者からの情報収集だけではなく，近隣からの情報や，学校・保育園等，子どもを取り巻く関係機関からの情報も収集する

ことでより客観的で包括的なアセスメントを行っていくことになる。

　虐待が疑われる子ども及び親に対しては，心理的アセスメントが行われる。心理的アセスメントでは，心理検査や面接等から子どもの知的発達，情緒面・行動面の特徴，心的外傷の状況，親子関係や，集団生活での適応について把握するとともに，子ども本人の意向も確認することで，子どもを主体に支援を検討していくことになる。

　一時保護が必要とされた場合，多くは児童相談所内に併設されている一時保護所に一定期間入所し，集団生活を送ることになる。一時保護になる場合は，緊急での対応として入所となることが少なくなく，分離による不安や緊張感を抱えた子どもを生活の中でケアしながら，行動や態度，生活習慣等の様子を観察することで，子どもの理解をすすめていく。一時保護所で収集できた情報を含めて総合的に判断し，子どもを保護者のもとで生活させるのか，親子分離が必要なのかを決定していく。分離を選択する場合，里親委託か児童福祉施設入所か，施設はどの施設が子どもにとってもっとも適切なのか等に加え，施設の特徴等も検討し，援助方針を決定することになる。その際，心理的アセスメントとして，知的なレベルや，情緒的な状態の把握のため，知能検査や，描画法などを加えたバッテリーが組まれたり，保護者面接を行ったりすることで，虐待となった背景を検討し，保育園や学校等での情報収集を合わせて包括的に検討を行っていく。こうした多面的なアセスメントは，一時保護から施設養護が決定され，乳児院や養護施設に移行となった場合でも行われていくことになる。

（3）施設の中でのアセスメント

　児童虐待に対する支援としては，子ども自身へのケアや支援と保護者への指導や家族支援がある。子どもや保護者に心理療法が適応だと判断

された場合，在宅では，定期的な通所による保護者指導及び子どもへのセラピーなどを行う場合もあれば，児童福祉施設に入所した場合であっても，必要であれば個別のセラピーが行われる場合もある。一方で，児童福祉施設の中での心理職の役割は，子どもが生活をすることになる児童福祉施設の中で適切な心理的アセスメントを行い，生活の中での治療（環境療法）の考え方に基づくケアの方針に反映させていくことである。施設内で子どもに行われる心理的アセスメントは，生活の中でのアセスメントであり，生活場面の中での子どもたち同士のかかわり，大人と子どもとのかかわり，指示の理解や，生活の様子を見ながら発達全般を把握するとともに，情緒的な状況をアセスメントしていく。こうした心理的アセスメントは，施設内での子どもの言動や反応の背景にある心理的要因について分析を行うことで，施設内の子どものケアについての理解を職員と共有することを可能にし，個別の子どもにあわせた適切なケアを提供していくことにつながっていく。

　また，必要に応じて子どもの心身の状態について，発達検査・知能検査や人格検査といった心理検査を実施し，観察等を含めた心理的アセスメントの結果を，生活指導員や保育士も含めた多職種と突き合わせることで，それぞれの子どもの特性や状況に合わせた支援の方針をたてていく。

　また，施設でのケアの最終目標は，家庭復帰であり，家族の再統合にむけてさまざまな取り組みを行っていくことになる。その際，親自身の状態や養育環境，親子関係のアセスメントを継続的に行っていくことが必要となってくる。

（4）児童相談所における心理的アセスメント
　児童相談所は，児童福祉法をもとに各自治体に設置が義務づけられて

おり，児童およびその家庭を援助することを相談活動の目的としている。相談への対応は，厚生労働省による運営指針により「主に児童福祉司，相談員等により行われる調査に基づく社会診断，児童心理司等による心理診断，医師による医学診断，一時保護部門の児童指導員，保育士等による行動診断，その他の診断（理学療法士等によるもの等）をもとに，原則としてこれらの者による協議により判定（総合診断）を行い，個々の子どもに対する援助指針を作成する」と規定されており，この援助指針に基づいて，子ども，保護者，関係者に対して援助を行うことになる。つまり，心理的アセスメントは総合診断，つまり総合的なアセスメントの一部であると同時に，他の職種によるアセスメントを心理学的観点から検討することにより，より複合的な観点から心理的アセスメントを行っていくことも重要な役割の一つとなる。

　児童相談所は虐待のみならず，養育の問題や不登校，非行など子どもに関連する様々な相談の窓口となっている。心理職が対象児童や保護者に出会い，アセスメント行う場合，その対象となる子どもや保護者からの申し込みがあって最初に行われるのではなく，別の職種が受理したケースを，引継いで担当することが多い。目の前で起こっている事柄に対して，どうしてその事態が生じたのか，子ども，親，その関係を心理学的観点からアセスメントし，他の職種にフィードバックをすることで，支援の方針を，児童相談所という組織として立てていくことになる。アセスメントの方法として，心理検査が選択されることもあるが，心理検査の実施に対しては，どう導入し，何を選択するのかも，事例や場面によって異なるものとなっていく。心理検査をすることは，子どもや保護者にとっては評価を受ける場面であり，抵抗を感じることも少なくない。検査を導入するにあたって，低年齢の子どもであったとしても，検査を行う必要性や何を目的としたものなのかを十分説明したうえで，検

査に取り組めるように丁寧にすすめていく必要がある。

4．司法領域でのアセスメント

　司法領域における心理的アセスメントは，家庭裁判所における家庭裁判所調査官による少年事件および家事事件の調査，少年鑑別所の法務技官の鑑別，刑事事件における精神鑑定の場面で実施される。また今後は，犯罪被害者支援等，関連領域においても求められる場面が増えてくることが考えられる。ここでは，司法の現場において行われるようになってきた司法面接について解説するとともに，家庭裁判所における調査でのアセスメントについて取り上げる。

（1）司法面接

　司法面接とは「法的な判断のために使用することのできる精度の高い情報を被面接者の心理的負担に配慮しつつえるための面接法」と定義をされており（仲，2016），子どもの犯罪被害者や目撃者の心理的負担を極力少ない形でアセスメントを行うための一つの技法である。法的判断に役に立つ正確な情報を得るために，早い段階で原則的に1度だけ面接を行い，記録を正確にするために録画・録音を行うことが特色の一つである。被面接者自身の言葉による自発的な報告を引き出すために自由報告を主とする構造化された方法を用い，何度もいろいろなところで聴取されることにならないよう，多機関で連携して行うものとされている。従来は児童を対象として開発されてきた技法であるが，近年では，被疑者の接見，取り調べ，大人の被害者や目撃者からの事情聴取などにも活用が広がってきている。

　司法領域における心理的アセスメントの場面では，その対象が加害

者・被害者の両者であったり，申立人・被申立人など利害が相反する関係が生じていたりすることもある。双方についての客観的で正確な心理的アセスメントを求められることもあり，できるだけ侵襲度がすくないかたちで，二次的な傷つきにつながらないような慎重なアセスメントの構造や方法を選択することが望まれる。

（2）家庭裁判所におけるアセスメント

　家庭裁判所では裁判官の決定に基づいて，家裁調査官が，心理的アセスメントを含めた調査を担当することになる。家庭裁判所で，調査の対象となるのは，一つは少年審判と，離婚をめぐる親権をめぐる訴訟や，離婚成立後の面会交流である。子どもにとっての福祉を最優先し，子どもの発達や心理的状態，親子関係を，面接や簡単な心理検査を取り入れながら判断をしていく。

　少年事件における調査は，非行少年やその保護者に面接をし，時には心理検査をすることによって，問題の背景にある人間関係や家庭環境を踏まえたアセスメントを行い，裁判官に報告することで，審判の一つの判断材料として活用されている。家事事件における調査では，主に離婚紛争中の夫婦や子どもの調査を行って紛争の原因や背景を探ったり，他の機関と連絡調整を行ったりすることで，夫婦や子どもにとって最善の解決方法を検討していく。

　調査は，子どもの状況，子どもの監護状況，親権者の適格性などを，両親や子どもそれぞれに個別に面接をしたり，家庭訪問を行ったりすることで確認していく。その際，親子交流場面を観察したり，子どもの意向を面接等で確認したりすることも行いながら，包括的にアセスメントを行うことで，親子にとって最善の方法を提示していくものとなっていく。また家族の形にかかわる重要な決定に係る調査となるため，時には

関係機関（子どもの学校や保育園・幼稚園の担任など）を訪問して状況を確認することなども行われる。

　一方で，子どもに面接調査を行うときには，子どもの発達段階や特性，周囲の大人との関係性が影響をすることを考慮していかなければならない。これまで収集した情報と照らし合わせて子どもの言動を吟味し，簡単な心理検査ツールの実施をしたりすることで，子どもの理解度を把握し，子どもの言動に親の意向が影響されていないのか等を慎重に見ていくことになる。こうした調査の結果は裁判官に報告され，その結果に基づいて裁判，審判，調停が進行していくことになる。

（3）鑑別所等におけるアセスメント

　家庭裁判所以外にも，少年鑑別所での法務技官の鑑別，刑事事件における精神鑑定などでも心理検査が行われることがある。精神疾患の有無や，責任能力の有無など，知能検査や人格検査等を行い，裁判官にその結果を報告することになる。その結果が裁判の経過や，審判に影響をあたえることもあるため，慎重かつ正確なアセスメントが求められる。

5.　様々な領域におけるアセスメント

　心理職が活動する領域が広がってくるに従い，様々な場面で心理的アセスメントが求められるようになってきている。国家資格である公認心理師の誕生により，その社会的要請は，今後も広がってくる可能性が高い。今回は取り上げなかったが，産業領域においても，これまで看護職等が実施者として定められていたストレスチェックの実施者に，労働安全衛生規則の一部の改正により，厚生労働大臣が定める研修を修了した公認心理師が追加されることになった。従業員のストレスチェックだけ

ではなく，うつ病などが原因で休職となったあとの復職を支援する際の
アセスメントなども期待されるようになってきており，今後，こうした
心理的アセスメントの重要性は今後も強まっていくだろう。どういった
場・領域においても，心理職として，適切かつ正確な心理的アセスメン
トを行うこと，その結果を，支援につなげ，本人がよりよい生活を送れ
るようなフィードバックを意識して行っていくことが何よりも求められ
ていくのではないだろうか。

参考文献

小海宏之，若松直樹，牧野多恵子，松田修，浅見大紀他著『高齢者こころのケアの
　　実践　上巻　認知症ケアのための心理アセスメント』(創元社，2012)
日本子ども家庭総合研究所編『子ども虐待対応の手引き　平成25年 8 月厚生労働省
　　の改正通知』(有斐閣，2014)
仲真紀子編著『子どもへの司法面接』(有斐閣，2016)

学習課題

1．虐待の背景要因や，子どもに与える影響要因を調べてみよう。
2．現代の日本の社会における心理的課題と，そこで求められる心理的
　　アセスメントとはどういうものなのか考えてみよう。

15 | アセスメントから支援へ

森田美弥子

《学習目標》 アセスメント結果はどのように活かされていくとよいだろうか？ 何よりもクライエントに役立つアセスメントをするために，アセスメント結果と日常の適応状況や問題となる行動・症状などとの関連を見ていく必要がある。ここではどのように結果を伝え，支援につなげていくか解説する。
《キーワード》 フィードバック，報告書（所見レポート）

1. フィードバックの意味

　既に，アセスメントとは支援の一環であり，出発点であるということは，総論においても各論においてもふれてきたことなので，十分に理解されていると思われる。また，実はアセスメントはクライエントが支援機関に申込をする時点から始まっているとも言えること，行動観察・面接・心理検査といった多様な方法により情報収集をして見立てと方針をたてていくこと，その後の関わりの中でも新たにわかったことや変化したことを加味して，見立てと方針を修正していく作業が進められることも述べてきた。本章では，アセスメント結果をクライエントやその関係者あるいは他のスタッフにどう伝えるかを中心に考えていく。
　心理職が把握したアセスメント結果をフィードバックする方法には，書面による報告と口頭での報告とがある。心理検査を実施した場合には所見レポートを作成するので，専門家スタッフにはそれを見てもらうこ

とでもよいと思われるが、クライエントやその関係者には、口頭のみで伝えるのか、書面のレポートも手渡しながら説明するのか、について検討した上でフィードバックを行う。相手に合わせて、要点をわかりやすく伝えることが必要である。

　Finn（1996）は、MMPI-2を用いたアセスメントのフィードバックについてまとめている。アセスメントの事前説明から実施、所見レポート作成、フィードバックに至るまでの一連の流れ全体が支援として位置付けられるという考え方が背景にあり、他の心理検査や面接によるアセスメントにも通ずる内容である。Finnは、フィードバック面接のゴールは「クライエントに治療的介入をはかること」と述べ、このゴールを達成するためには「共同制作的かつ支持的な姿勢」が重要であると指摘している。また、アセスメント結果を提示する一般的な原則として、①肯定的なことから始める、②クライエント自身が自覚している情報から始め、次にクライエントの現在の自己概念をリフレームして、それまで名付けられていなかった体験に新たな言葉を与えるような情報に進み、そこを中心とする、③すべてを話すのではなく、重要な所見や、クライエントが知りたいことを提示する、④個々のクライエントの年齢や教育や知的水準に合わせた言葉を用いる、と整理している。

2．報告書（所見レポート）に何を書くか

　アセスメントを行った結果として見立てと方針を報告書としてまとめる際に気を付けたいことを以下にあげてみよう。

①　事実をして語らしめよ

　心理検査結果や面接で得られた情報を適切に記述するだけで、そのクライエントの特徴は伝わるものである。そこには心理職側の主観的な想

像はまじえない。先ずは客観的な事実を示した上で，それを元に可能な見立てを次に書く。つまり客観的事実としての情報と，それを根拠とした判断や推論としての見立ては分けて書くことが望ましい。

② **読み手を意識する**

　心理職自身の記録は詳細な内容のものがあってよいが，それとは別にクライエントやその関係者あるいは他職種のスタッフに報告書を提示する時は，読み手にわかりやすい書き方をする必要がある。したがって，専門用語を多用しないように心がけたい。特にクライエント本人や家族などに手渡す時は気を付ける。可能な限り，口頭でも説明しながら報告書を見てもらい，クライエントの感想や意見を聴くようにする。他の専門職やスタッフに向けて書く場合には，要点をおさえて簡潔に報告する必要がある。他のスタッフは，それぞれの分野での専門家であって，心理の考え方や用語に慣れているとは限らない。したがって，相手にとってわかりやすい言葉で，という原則は同じである。

③ **アセスメント目的に応える**

　アセスメントによって何を知りたいのか，アセスメント結果をどう使うのかといった観点から実施計画をたてることが重要である。たとえば，鑑別診断の参考にしたいという主治医からの依頼であれば，病態水準の見立てが報告書には含まれることになろう。他に，入退院（入退所）や休職・復職（休学・復学）などの判断が求められている場合には，社会適応の可能性がポイントになってくるだろう。経過の中でクライエントの変化や支援の効果を確認したいという場合もある。また，多様なスタッフが関わるチーム支援においては，行動の意味や背景を知りたい，どのように関わっていくか手がかりがほしいなどのニーズに応えることが必要となる。

198

④ 結果が一人歩きしないように

　これはよく言われる留意事項である。そうならないための基本は，「誰が」「何のために」「何を知りたくて」アセスメントしているのかをふまえ，目的を意識しておくことではないかと思われる。心理検査の結果として IQ などの数値の扱いは最近とみに慎重さが求められている。のみならず，検査や面接から把握された，その人の得意・不得意，パーソナリティ特徴の記述に対して，読み手がどう受け止めるかを考え，誤解のないように書くことが大切である。そもそもアセスメントは，病理や問題点を抽出することが目的ではないということも肝に銘じておきたい。

⑤ 支援に役立てるために

　報告書にはクライエントの健康な部分，適応していく上での強みと考えられることを含めて書くとよい，ということも多くの実践家により言われていることである。それは，支援のための共同作業を行うための接点として，そこが重要な役割を果たすからである。

　アセスメントは，他の誰よりもクライエントにとって役に立つものとなるべきである。クライエント自身が自分についての理解を深め，今後の方向を見定めて，支援スタッフとともに進んでいけるような支援を忘れてはならない。

　加藤・吉村（2016）は，自我心理学的精神分析学の立場からロールシャッハテストを中心とする投映法心理検査の所見報告書について述べている。力動的解釈の観点から「その人はどのような刺激に出会ったとき，どのように対処するか」「どの程度，葛藤に気付いているか」「苦手な状況はどのような特徴を持った状況か」など，すなわち自我機能の働き方，機能低下の仕方，その回復の仕方，自己洞察力などを考える必要があるとしている。それにもとづき，報告書の枠組みとして以下の5点

をまとめている。

①クライエントの現在の状況─自我機能の様子を中心に（一番外側に見えているクライエントの適応パターンについて描写）

②パーソナリティ傾向（自我の強さと弱さ，自己コントロールの仕方とその成果のありよう，知的能力や作業力の特徴など）

③対人関係の特徴（家族関係や学校や職場の中でのクライエントの実態と問題について読み取れること）

④臨床の要請に応えて（情緒統制，思考活動，対人場面の特徴。病態水準についてはそれがその人全体の中でどのようなバランスや位置づけにあるか，それを自覚できているかいないかを見る）

⑤まとめと今後の展望（本人の治癒力，改善への意欲のありよう，今後の介入方法など）

そして，結果を本人にフィードバックする時は，「何をどう伝えるのか，本人の気づきを促し，成長の役に立つかという視点で伝えるように，本人が自覚できていないことを押し付けない対話が必要」，関係者に対しては，「本人にとって不利にならないように配慮」「相手に理解されやすい伝え方の工夫」としている。

3.　何が伝わるとよいのか

クライエントは，自分について深く知りたいと望む気持ちと同時に，知りたくない・知るのは怖いという気持ちを持っていることが多い。それは，クライエントの家族（特に親）も同様である。「知りたい」という言葉にこめられた内なる意味はさまざまである。文字通りの自己理解・自己探求への関心にもとづく場合もあれば，正常であること，または逆に病気であることを証明してほしいという場合もある。したがって

要望にすぐ応じる前に，なぜ知りたいのかを丁寧に聴いていく必要がある。その中でクライエントは，自分が人からどう見られているか，そのためにどのような嫌な思いや辛い体験をしたか，といった主観的体験を語ったり，自分を見失って絶望的に感じている気持ちを吐露したりすることがある。そうした背景を理解することこそが臨床的な心理アセスメントだと言える。

　アセスメント結果のフィードバックの内容には，クライエントやその家族にとって知りたいことも知りたくないことも含まれている可能性がある。また，既にわかっている特徴も，自分としては意外だと感じる特徴もフィードバックされることになるかもしれない。ネガティブな側面を伝えるのは気を遣うことではあるが，だからといってポジティブな側面を強調し過ぎる必要はない。「大丈夫ですよ」「誰にでもあることです」「よくやれているところもあるじゃないですか」といった安易な発言は，たとえそれが善意からではあっても，実はクライエントが抱えている苦しさや辛さに共感しているとは言えない。クライエント自身は，うまくいかないと感じて困っているから支援を求めて来談しているのであり，にもかかわらず，大丈夫，よくあることなどと励まされるのは本意ではない。

　フィードバックには見立てと方針の両方が含まれる。クライエントの特徴や課題を伝える時に，主訴や日常の出来事などと結びつけて，こんな場面でこんな気持ちになりやすいのでは？　それがこういう行動になって現れるのでは？　など具体的に例をあげながら，クライエント本人が実感できるように伝えていくとよい。

　フィードバックでは，「必要な時に必要なことを必要なだけ」伝えるのがよいということも言われている（小山，2008）。アセスメント結果として得られた見立てのすべてを逐一伝えるのではなく，現時点で重要

と考えられること，クライエントにぜひ知ってほしいことを中心に伝えるとよい。情報が多すぎると，理解が追い付かず，記憶に残らなくなるので，メリハリをつけることが大切である。また，馬場（1997）は，アセスメント結果を伝えることが，精神分析でいうところの「早すぎ，深すぎる解釈」となりやすく，そうなると，クライエントには伝わりにくいものとなると指摘している。「早過ぎる解釈」を防ぐためには，「どうでしたか？」とクライエントの感想や自己理解について話してもらうことや，「こんなことが推測できるけど，どう思いますか？」「このようなことで困っているのでは？」などと尋ねることがやはり有益だと述べている。クライエントの問題意識の高まりと一致した内容を，そのタイミングで伝えるのが一番効果的だという考え方だと言える。

　繰り返しになるが，クライエントに役立つアセスメントを行い，フィードバックしていくことが大切だと言える。ここで述べてきたことは，アセスメントに特有のものではなく，支援現場でのクライエントとの関わり全般に通ずるものである。したがって，アセスメントをしっかり学ぶことによって，支援のための対人技術や姿勢を身につけていけるはずである。

参考文献

馬場禮子『心理療法と心理検査』（日本評論社，1997）

Finn, Stephen E.著：田澤安弘・酒木保訳『MMPI で学ぶ心理査定フィードバック面接マニュアル』（金剛出版，2007）

加藤志ほ子・吉村聡編著『ロールシャッハテストの所見の書き方』（岩崎学術出版社，2016）

小山充道『必携臨床心理アセスメント』（金剛出版，2008）

森田美弥子「臨床心理アセスメントにおけるフィードバックと治療関係」竹内健児
編『事例でわかる心理検査の伝え方・活かし方』（金剛出版, 2009）

学習課題

1．心理的アセスメントにおける人間理解の仕方や関わりの持ち方は，
　日常生活における他者理解やコミュニケーションと，何が違うのだろ
　うか？　考えてみよう。（これは1章で提示した課題と同じ内容であ
　る。アセスメントの知識を学んだ今，あらためてアセスメントの意義
　や特徴を整理してみよう）
2．アセスメント結果のフィードバックについて，文献の事例を題材に
　して自分ならどのように伝えるか考えてみよう。同級生などとロール
　プレイをしてクライエント役がどう感じるか話し合ってみよう。

索引

●配列は五十音順，＊は人名を示す。

分担執筆者紹介

（執筆の章順）

佐渡　忠洋 （さど・ただひろ）

・執筆章→ 4 ・ 5 ・11

1982年	広島市に生まれる
2005年	鹿屋体育大学卒業
2008年	岐阜大学大学院教育学研究科修了
現在	岐阜大学助教，名古屋大学大学院博士後期課程修了を経て， 常葉大学准教授 博士（心理学），臨床心理士，公認心理師
専攻	臨床心理学，臨床人間学，心理学史
主な著書	臨床バウム（共著，誠信書房） 臨床風景構成法（共著，誠信書房） 悪における善（共訳，青土社）

纐纈　千晶 (こうけつ・ちあき)

・執筆章→12

1971年　岐阜県に生まれる
2014年　名古屋大学大学院教育発達科学研究科博士後期課程修了
　　　　博士（心理学）
　　　　精神科クリニック，公立小・中学校スクールカウンセラー，
　　　　愛知教育大学非常勤講師等を経て，東海学院大学専任講師
　　　　臨床心理士，公認心理師
2022年1月　逝去
専攻　　臨床心理学，学校心理学，心理アセスメント
主な著書　心の専門家養成講座第3巻　心理アセスメントの基礎─心
　　　　理検査のミニマム・エッセンス（分担執筆，ナカニシヤ出
　　　　版）

編著者紹介

森田美弥子 (もりた・みやこ) ・執筆章→ 1・2・3・9・10・15

1953年　東京都に生まれる
1987年　名古屋大学大学院教育学研究科博士後期課程修了
現在　　刈谷病院心理職，名古屋大学学生相談室助手，名古屋大学
　　　　医療技術短期大学部助教授，名古屋大学大学院教育発達科
　　　　学研究科教授を経て，中部大学人文学部教授，名古屋大学
　　　　名誉教授
　　　　臨床心理士，公認心理師
専攻　　臨床心理学
主な著書　ロールシャッハ法解説―名古屋大学式技法―（共編著，金
　　　　子書房）
　　　　心の専門家養成講座③心理アセスメント―心理検査のミニ
　　　　マム・エッセンス（共編著，ナカニシヤ出版）
　　　　ロールシャッハ法の豊かな多様性を臨床に生かす―1症例
　　　　をめぐってのさまざまなアプローチから―（共編著，金子
　　　　書房）
　　　　心の専門家養成講座①臨床心理学実践の基礎その1―基本
　　　　的姿勢からインテーク面接まで―（共編著，ナカニシヤ出
　　　　版）
　　　　実践ロールシャッハ法―思考・言語カテゴリーの臨床的適
　　　　用―（共著，ナカニシヤ出版）

永田　雅子 (ながた・まさこ)　　　・執筆章→6・7・8・13・14

1971年　山口県に生まれる
1995年　名古屋大学大学院教育発達科学研究科博士前期課程修了
2007年　名古屋大学大学院教育発達科学研究科博士後期課程中退
2008年　博士（心理学）
現在　　名古屋大学心の発達支援研究実践センター教授
　　　　臨床心理士，公認心理師
専攻　　発達臨床心理学，周産期心理学，心理アセスメント
主な著書　周産期のこころのケア─親と子の出会いとメンタルヘルス
　　　　（単著，遠見書房）
　　　　心の発達支援シリーズ1乳幼児　育ちが気になる子どもを
　　　　支える（単著，明石書店）
　　　　心理臨床における多職種との連携と協働　つなぎ手として
　　　　の心理士をめざして（編著，岩崎学術出版）
　　　　心の専門家養成講座9　福祉心理臨床実践「つながり」の
　　　　中で「くらし」「いのち」を支える（編著，ナカニシヤ書店）
　　　　別冊発達32　妊娠・出産・子育てをめぐるこころのケア─
　　　　親と子の出会いから始まる周産期精神保健（編著，ミネル
　　　　ヴァ書房）
　　　　　　　　　　　　　　　　　　　　　　　　　　　　　　他

放送大学教材　1529471-1-2011（ラジオ）

心理的アセスメント

発　行	2020年3月20日　第1刷
	2023年1月20日　第3刷
編著者	森田美弥子・永田雅子
発行所	一般財団法人　放送大学教育振興会
	〒105-0001　東京都港区虎ノ門1-14-1　郵政福祉琴平ビル
	電話　03（3502）2750

市販用は放送大学教材と同じ内容です。定価はカバーに表示してあります。
落丁本・乱丁本はお取り替えいたします。

Printed in Japan　ISBN978-4-595-32185-6　C1331